Die Eingemeindungen in die Stadt Kiel (1869-1970)

Kieler Werkstücke

Reihe A:
Beiträge zur schleswig-holsteinischen
und skandinavischen Geschichte

Herausgegeben von Oliver Auge
Begründet von Erich Hoffmann

Band 38

Julian Freche

Die Eingemeindungen in die Stadt Kiel (1869-1970)

Gründe, Probleme und Kontroversen

Bibliografische Information der Deutschen Nationalbibliothek
Die Deutsche Nationalbibliothek verzeichnet diese Publikation in der
Deutschen Nationalbibliografie; detaillierte bibliografische Daten sind im
Internet über http://dnb.d-nb.de abrufbar.

Umschlagabbildung:
Siegel der Christian-Albrechts-Universität zu Kiel.

Die Universität trägt ihren Namen nach ihrem Gründer, dem Herzog
Christian Albrecht von Schleswig-Holstein-Gottorf, der sie im
Jahre 1665 - nur siebzehn Jahre nach dem Ende des Dreißigjährigen
Krieges - für sein Herzogtum ins Leben rief. An diese Zeit erinnert
auch ihr Siegel: Es zeigt eine Frauengestalt mit einem Palmzweig
und einem Füllhorn voller Ähren in den Händen, die den Frieden
versinnbildlicht. Das Siegel trägt die Unterschrift: Pax optima rerum
(Frieden ist das höchste Gut).

ISSN 0936-4005
ISBN 978-3-631-64528-4 (Print)
E-ISBN 978-3-653-03615-2 (E-Book)
DOI 10.3726/978-3-653-03615-2
© Peter Lang GmbH
Internationaler Verlag der Wissenschaften
Frankfurt am Main 2014
Alle Rechte vorbehalten.
Peter Lang Edition ist ein Imprint der Peter Lang GmbH.

Peter Lang – Frankfurt am Main · Bern · Bruxelles · New York ·
Oxford · Warszawa · Wien

Das Werk einschließlich aller seiner Teile ist urheberrechtlich
geschützt. Jede Verwertung außerhalb der engen Grenzen des
Urheberrechtsgesetzes ist ohne Zustimmung des Verlages
unzulässig und strafbar. Das gilt insbesondere für
Vervielfältigungen, Übersetzungen, Mikroverfilmungen und die
Einspeicherung und Verarbeitung in elektronischen Systemen.

Dieses Buch erscheint in der Peter Lang Edition
und wurde vor Erscheinen peer reviewed.

www.peterlang.com

Vorwort des Herausgebers

Mit dem vorliegenden Buch von Julian Freche wird die „rote" Reihe A der Kieler Werkstücke um eine weitere studentische Abschlussarbeit bereichert. Wie schon bei den vorangehenden Examensarbeiten sprach in diesem Fall ganz allgemein die hervorragende Qualität für die Publikation von Herrn Freches Untersuchung. Hinzu trat diesmal noch die spezielle Kieler Thematik. Die Geschichte der Stadt Kiel stellt allein schon deswegen ein stets herausragendes Forschungsobjekt der schleswig-holsteinischen Regionalgeschichte dar, weil in Kiel die Christian-Albrechts-Universität seit ihrer Gründung 1665 verortet und zuhause ist. Daneben empfehlen verschiedene Facetten der Kieler Geschichte, auf sie ein besonderes Augenmerk zu haben. Es sei nur an die seit der 2. Hälfte des 19. Jahrhunderts fast unverbrüchliche Mischung aus Stadt-, Marine- und Werftgeschichte erinnert, die Kiel zu einem faszinierenden Objekt stadtgeschichtlicher Forschung erhebt. Nicht von ungefähr arbeitet die Kieler Regionalgeschichte gemeinsam mit dem Kieler Stadt- und Schifffahrtsmuseum und dem Stadtarchiv derzeit auch an einem Projekt zum Verhältnis der Marine zur Stadt und überhaupt an der Veröffentlichung einer neuen Stadtgeschichte. Schon mehrere Deutschlandstipendien, mittels derer die Gesellschaft für Kieler Stadtgeschichte in Kooperation mit der Professur für Regionalgeschichte Studierende zur Erforschung der Christian-Albrechts-Universität ganz verschiedener stadtgeschichtlicher Themen animiert, stehen diesem Vorhaben konstruktiv zur Seite. Als ein wichtiger Baustein in unserem Bemühen um die Erforschung der Vergangenheit der Stadt Kiel ist nun dieses Buch von Julian Freche aufzufassen, in dem er sich den Eingemeindungen in die Stadt zwischen 1869 und 1970 in erschöpfender Weise widmet. Ich gratuliere dem Verfasser nochmal zu diesem gut geglückten Werk und ich wünsche diesem Buch eine interessierte, aufgeschlossene Leserschaft.

Oliver Auge   Kiel, im Oktober 2013

Vorwort

Die vorliegende Arbeit zu den Eingemeindungen in die Stadt Kiel (1869-1970) entstand als Masterarbeit am Lehrstuhl für Regionalgeschichte mit Schwerpunkt zur Geschichte Schleswig-Holsteins im Mittelalter / Früher Neuzeit der Christian-Albrechts-Universität zu Kiel. Der Text wurde mit geringfügigen Änderungen als Druckfassung übernommen.

Prof. Dr. Oliver Auge danke ich für die Anregung, diese Arbeit zu schreiben, für seine kritische Begleitung während der Entstehungsphase und für die Möglichkeit, diese Arbeit zu veröffentlichen. Prof. Dr. Martin Krieger gebührt ebenfalls Dank, der diese Arbeit als Zweitkorrektor begleitet hat. Des Weiteren ist dem Kieler Stadtarchiv, namentlich Dr. Johannes Rosenplänter, für die Unterstützung bei der Themenwahl und der Quellenrecherche zu danken. Der Gesellschaft für Kieler Stadtgeschichte sei für den gewährten Druckkostenzuschuss gedankt, der diese Veröffentlichung mit ermöglicht hat.

Für die Unterstützung während des Entstehungsprozesses dieser Arbeit, für kritische Begleitung, Diskussionen und Anregungen, gilt mein Dank Marike Fentsahm, Jannika Dietze und Arne Poedtke. Lisa Behrens, Jennifer Belitz und Eva Koschinsky gebührt für das Korrekturlesen ebenfalls Dank. Ganz besonders möchte ich meinen Eltern, Birgitt und Andreas Freche, danken, die mich während meines gesamten Studiums unterstützt haben.

Julian Freche   Kiel, im Oktober 2013

Inhalt

1 Einleitung ... 11
2 Die Grundlagen kommunaler Gebietsreformen ... 13
   2.1 Vorrang der Stadt – Gemeindereformen im königlichen Preußen ... 13
   2.2 Die Demokratisierung der Verwaltung in der Weimarer Republik ... 15
   2.3 Die Phase des Nationalsozialismus ... 17
   2.4 Nachkriegszeit und Bundesrepublik Deutschland – Reformstau und Neuordnung kommunaler Aufgaben ... 18
   2.5 Der Vorgang der Eingemeindungen ... 20
3 Vom Beginn des Stadtwachstums bis zur Eingemeindung von Gaarden-Ost ... 23
   3.1 Brunswik und Düsternbrook ... 23
   3.2 Wik ... 24
   3.3 Gaarden-Ost ... 25
4 Die Jahre vor dem Ersten Weltkrieg ... 31
   4.1 Projensdorf ... 31
   4.2 Die Eingemeindungen von 1910 ... 31
      4.2.1 Gaarden-Süd ... 32
      4.2.2 Hassee ... 33
      4.2.3 Ellerbek ... 35
      4.2.4 Wellingdorf ... 40
      4.2.5 Hasseldieksdamm ... 41
5 Die Zwischenkriegszeit ... 43
   5.1 Die Eingemeindungen nördlich des Nord-Ostsee-Kanals ... 43
      5.1.1 Holtenau ... 44
      5.1.2 Friedrichsort ... 46
      5.1.3 Pries ... 48
   5.2 Kronsburg ... 49
   5.3 Neumühlen-Dietrichsdorf ... 50
   5.4 Elmschenhagen ... 54
6 Eingemeindungen nach dem Zweiten Weltkrieg ... 57
   6.1 Suchsdorf ... 58
   6.2 Schilksee ... 60
   6.3 Mettenhof ... 64
7 Kommunale Gebietsreform ... 69
   7.1 Übersicht über die Gebietsreform ... 69

7.2   Die Eingemeindungen von 1970 71
    7.2.1   Russee... 72
    7.2.2   Meimersdorf 74
    7.2.3   Moorsee.. 77
    7.2.4   Wellsee 78
    7.2.5   Rönne 80
8   Zusammenfassung und Ausblick 83
Abbildungsverzeichnis 91
Quellenverzeichnis 93
    Stadtarchiv Kiel 93
    Zeitungsartikel 95
    Literaturverzeichnis 96

1 Einleitung

Die moderne Geschichte der Stadt Kiel begann mit dem Beschluss König Wilhelms I. vom 24. März 1865, die preußische Marinestation von Danzig nach Kiel zu verlegen und damit dem Aufstieg zur Werft- und Marinestadt. Zuvor war Kiel eine mittlere Landstadt mit 16.000 Einwohnern[1], nun stieg die Bevölkerungszahl rasant an und erreichte an der Wende vom 19. zum 20. Jahrhundert die Marke von 100.000 Einwohnern.[2] Die Entscheidung, Kiel erst zum Bundeshafen des Norddeutschen Bundes (1867) und später zum Reichskriegshafen des Deutschen Reiches (1871) zu erklären, hatte den Charakter der Stadt vollständig verändert. Außerdem entstand durch die Ansiedlung der Marine auch eine entsprechende Werftindustrie. Dies prägte das Stadtbild bis nach dem Zweiten Weltkrieg, sorgte für Wohlstand und Arbeitsplätze, wirkte sich in Krisenzeiten aber auch dementsprechend stark auf die Stadt aus.[3]

Das Wachstum brachte Probleme mit sich, mit denen sich auch viele andere Städte konfrontiert sahen, die durch die Industrialisierung stark angewachsen waren. Vor allem der Platzmangel bereitete der Stadtverwaltung schnell Sorgen, da nicht genügend Bauland zur Verfügung stand, um Wohnungen für die neuen Einwohner errichten zu können. Deshalb wurde ab 1869 damit begonnen, benachbarte Ortschaften in das Stadtgebiet einzugemeinden, die letzten Eingemeindungen fanden 1970 statt. Bis zu diesem Zeitpunkt hatte sich das Stadtgebiet massiv vergrößert. Besonders bis zum Beginn des Ersten Weltkriegs wurden viele Gemeinden in die Stadt eingegliedert. Zu dieser Zeit galt die preußische Verwaltung als besonders städtefreundlich, was die große Zahl an Eingemeindungen ermöglichte.[4]

Welche Gründe für die Eingemeindungen in die Stadt Kiel sprachen, ob es nur um die Erweiterung der Stadtfläche ging oder welche anderen Ursachen gegebenenfalls eine Rolle spielten, ist eine zentrale Fragestellung dieser Arbeit. Auch die Untersuchung der Frage, welche Probleme und Auseinandersetzungen im Rahmen der Eingemeindungspolitik Kiels auftraten, ist von entscheidender Bedeutung. Da Eingemeindungen immer mit einem Verlust politischer und finanzieller Selbstständigkeit einhergehen, andere Verwaltungsauflagen, Gesetze und Verordnungen gelten und damit die Bevölkerung möglicherweise Rechte einbüßt, ist dieses Thema oft kontrovers diskutiert worden. Dies betrifft nicht nur die öffentliche Diskussion sondern auch die zuständigen Gemeindevertreter.

Gerade die Auseinandersetzungen machen das Themenfeld interessant, denn anhand dieser Auseinandersetzungen lassen sich auch Rückschlüsse auf andere Probleme und Verwerfungslinien innerhalb von oder auch zwischen Gemeinden ziehen. Zunächst wird daher das Augenmerk darauf gelegt, welche rechtlichen Grundlagen für die Eingemeindungen galten und wie sich diese zwischen 1869 und 1970 geändert haben. Anschließend werden die einzel-

---

[1] Wulf 1991, S. 207.
[2] Fleischhauer 1987-1991, S. 167
[3] Wulf 1991, S. 207.
[4] Unruh 1981, S. 21.

nen Eingemeindungen in die Stadt Kiel dargestellt und untersucht. Der Fokus liegt dabei auf den genannten Fragestellungen. Die Betrachtung wird chronologisch erfolgen, da so der Einfluss vorhergehender Eingemeindungen besser nachvollzogen werden kann. Ziel ist es, einerseits eine Übersicht über die Eingemeindungen zu erhalten, andererseits aber auch darzustellen, wie diese vonstattengingen.

Die wichtigsten Quellen hierfür sind Akten aus dem Kieler Stadtarchiv. Zu jeder Eingemeindung gibt es wenigstens eine Akte, in der die jeweils zuständige Stelle alle wichtigen Unterlagen zu der Eingemeindung abgelegt hat. Dies ermöglicht einen sehr guten Überblick über die Vorgänge, die mit den Eingemeindungen zusammen hängen. Für die Phase nach dem Zweiten Weltkrieg wurde auch auf Zeitungsartikel Bezug genommen. Oft waren die Reaktionen der Presse und der Öffentlichkeit aber in den zitierten Akten abgebildet und es wurde auf die separate Nennung von Zeitungsartikeln verzichtet. Einige Stadtteile haben bereits eine eigene Chronik und auf diese wurde als wichtiger Teil der örtlichen Selbstwahrnehmung, ebenfalls zurückgegriffen.

Die Entwicklung der Eingemeindungspolitik im Deutschen Reich und der Bundesrepublik Deutschland wurde sehr gut in der wissenschaftlichen Fachliteratur untersucht, so dass diese hier für einen Überblick genutzt werden konnte. Zu den Eingemeindungen gibt es nur wenig Literatur, da oft nur einzelne Eingemeindungen betrachtet wurden. Allerdings konnte auf einige Veröffentlichungen der Gesellschaft für Kieler Stadtgeschichte zurückgegriffen werden. Das, für diese Arbeit, wichtigste Werk ist die Denkmaltopographie der Stadt Kiel von 1995, da dort alle Stadtteile beschrieben werden und dadurch ein sehr guter Einblick in die Geschichte und auch Baugeschichte der eingemeindeten Orte gewonnen werden konnte. Dieser Band bildet die Grundlage für die Beschreibung der einzelnen Gemeinden. Zur besseren Orientierung befindet sich im Abbildungsverzeichnis eine Karte der Stadt Kiel mit einer Auflistung aller Stadtteile.[5]

Zum Thema Eingemeindungen in die Stadt Kiel wurde bereits zwei Examensarbeiten vorgelegt, bei denen der Fokus allerdings auf anderen Zeiträumen lag.[6] Bei Buß lag der Fokus auf den kaiserzeitlichen Eingemeindungen, Strauß befasste sich mit der Verstädterung Kiels bis zum Zweiten Weltkrieg. Da sowohl die Untersuchungszeiträume als auch die untersuchten Themen von der Fragestellung dieser Arbeit abwichen, wird hier nicht darauf zurückgegriffen. Der Vollständigkeit halber sind sie aber in das Literaturverzeichnis aufgenommen worden.

---

5   Vgl. Abb. 1.
6   Vgl. Buß 1996, Strauß 2000.

2 Die Grundlagen kommunaler Gebietsreformen

Im Untersuchungszeitraum 1869 bis 1970 gab es in Schleswig-Holstein verschiedene Verwaltungssysteme, in denen Eingemeindungen auf unterschiedliche Weise bewertet und vollzogen wurden. Zunächst wird die königlich-preußische Verwaltung betrachtet, die nach dem Deutsch-Dänischen Krieg 1864 etabliert wurde und bis zum Ende des Ersten Weltkriegs existierte, anschließend die republikanisch-preußische Verwaltung der Weimarer Republik bis zur Errichtung der nationalsozialistischen Diktatur 1933. Danach folgte die nach dem Führerprinzip[7] organisierte Verwaltung. Die Zeit der britischen Besatzung wird im Rahmen dieser Arbeit nicht untersucht, da zu diesem Zeitpunkt keine Eingemeindungen in Kiel stattfanden. Zuletzt wird die Phase der Bundesrepublik Deutschland seit 1949 betrachtet. Diese Phasen werden im folgenden Kapitel dargestellt

2.1 Vorrang der Stadt – Gemeindereformen im königlichen Preußen

Reformen im kommunalen Bereich wurden in Schleswig-Holstein erst in den 1860er Jahren voran getrieben.[8] Im Gegensatz dazu stand die Entwicklung in Süd- und Westdeutschland, wo unter dem Einfluss des napoleonischen Frankreich bereits Anfang des 19. Jahrhunderts Reformen durchgeführt wurden. Die kommunale Verwaltung änderte sich in den von französischen Truppen besetzten Gebieten nachhaltig, auch nach dem Ende der Befreiungskriege. Beispielsweise blieb nach der Restauration monarchischer Macht auf dem Wiener Kongress 1815 das Prinzip der kommunalen Selbstverwaltung bestehen. Im Rheinland und Westfalen, den westlichen Provinzen des Königreich Preußen, wurden nach 1815 ebenfalls Reformprozesse initiiert.[9] Zwischen 1816 und 1825 wurden viele kleine Landkreise zusammengelegt, zwischen 1857 und 1861 wiederum Landkreise mit über 100.000 Einwohnern geteilt. Beides geschah, um die Effizienz der lokalen Verwaltung zu erhöhen. Der Norden Deutschlands, und damit auch Schleswig-Holstein, wurde erst nach der Annexion durch Preußen im Jahr 1866 reformiert. Vor allem im ehemaligen Königreich Hannover kam es zu einer Umgestaltung der Landkreise nach preußischem Vorbild. Um die Effizienz der Verwaltung in Schleswig-

---

7 Die demokratischen Strukturen wurden aufgehoben und die Verwaltung hierarchisch gegliedert. Von unten konnten die Entscheidungen höherer Ebenen kaum mehr beeinflusst werden. Dieses Prinzip wurde in zahlreichen Bereichen des öffentlichen Lebens durchgesetzt. (Majer 1987, S. 77).
8 Scheuner 1981, S. 61.
9 Thieme 1981, S. 48-50.

Holstein zu erhöhen, wurde 1867 eine neue Verwaltungsordnung erlassen, die preußischen Standards entsprach, gleichzeitig aber Besonderheiten der Provinzverwaltung beibehielt.[10]

Der wichtigste Faktor bei der territorialen Neuordnung war das durch die Industrialisierung bedingte Städtewachstum.[11] Bis etwa 1855 spielte dieser Prozess kaum eine Rolle, danach beschleunigte sich die Zuwanderung aus ländlichen in urbane Gebiete aber stetig. Nach 1875 stiegen die Wachstumsraten rasant an. Vor allem Großstädte wuchsen durch den beständigen Zuzug. Der Zuwachs an Bevölkerung brachte auch ein Ausgreifen der Städte in das Umland mit sich. Dies bedeutete, dass vor allem Vorortgemeinden immer stärker baulich in das Stadtgebiet einbezogen wurden, und das oft lange vor der offiziellen Eingemeindung dieser Orte. Es bestand die Möglichkeit, Eingemeindungen bei vitalem öffentlichem Interesse auch ohne Zustimmung der betroffenen Gemeinde durchzuführen. Da von dieser Möglichkeit jedoch kaum Gebrauch gemacht wurde, gingen den Eingemeindungen oft jahrelange Verhandlungen voraus. In deren Zusammenhang wurden die Orte oft schon an das Versorgungsnetz der Städte angeschlossen.

Die Verhandlungen dauerten vor allen Dingen deshalb länger, weil durch die Eingemeindung nicht nur die territoriale Ausdehnung einer Stadt geändert wurde, sondern auch die Zuständigkeit von Verwaltung, Polizei, Finanz- und Arbeitsbehörden wechselte.[12] All das musste zwischen der aufnehmenden und der abgebenden Gemeinde klar geregelt werden, ohne dass eine der beiden Gemeinden dadurch elementare Nachteile erhielt. Dies bedeutete, dass die nun kleinere Landgemeinde strukturell in der Lage bleiben musste, ihre Aufgaben wahrzunehmen. Gemeinden ab 25.000 Einwohnern durften nach §4 der Preußischen Kreisordnung vom 13. Dezember 1872 eigene Kreisverbände oder Stadtkreise bilden, wenn die Besitzverhältnisse zwischen den Gemeinden geklärt waren. Die Vereinigung von ländlichen Gemeinden oder Gutsbezirken mit Städten durfte durchgeführt werden, wenn beide Seiten dem zustimmten. Einigten sich beide Parteien, wurde die Vereinigung durch eine königliche Verordnung rechtskräftig.

Nach 1880 kam es stetig zu mehr Gemeindevereinigungen. Zwischen 1900 und 1914 wurden die meisten Eingemeindungen verzeichnet.[13] Die vorgenommenen Eingemeindungen verbesserten oft die Situation der Städte, während die Landkreise darunter litten, dass sie viele Einwohner und Steuereinnahmen verloren. Diesem Verlust an Leistungsfähigkeit wurde versucht vorzubeugen, indem Aufgaben an höhere Instanzen abgegeben wurden. Dazu wurden, z.B. im Rheinland und Westfalen, Ämter eingerichtet. An der Wende vom 19. zum 20. Jahrhundert setzte sich die Erkenntnis durch, dass das Kommunalrecht in Wechselbeziehung zur wirtschaftlichen Entwicklung einer Region stand, dass also ungeregelte Eingemeindungen der

---

10 Vgl. Franz 1955, Hauser 1967 und Grunwald 1971.
11 Scheuner 1981, S. 63-67.
12 Unruh 1981, S. 22-23.
13 Scheuner 1981, S. 67-69.

Wirtschaft sowohl schaden als auch nützen könnten. Dennoch wurde kein systematisches Eingemeindungsrecht geschaffen.[14]

Die Industrialisierung stellte eine neue Herausforderung für die Verwaltung dar. Die Probleme von Großstädten, etwa das starke Bevölkerungswachstum, wurden mithilfe von Eingemeindungen bekämpft. Dabei versuchten die zuständigen Behörden zu verhindern, dass die Eingemeindungen einseitig zu Lasten einer der beteiligten Gemeinden abliefen. Die Verhandlungen zwischen den beteiligten Parteien dauerte mithin Jahre. Trotz der hohen Zahl der Eingemeindungen im Zeitraum von 1900 bis 1914, wurde selten eine Gemeinde zwangsweise eingemeindet. Durch den Beginn des Ersten Weltkriegs und die anschließende Abschaffung der Monarchie[15] endete diese Phase der Eingemeindungen.

2.2 Die Demokratisierung der Verwaltung in der Weimarer Republik

Die Jahre des Ersten Weltkriegs und die unruhige Zeit nach dem Ende des Krieges und dem Beginn der Weimarer Republik waren die Ursache dafür, dass keine Eingemeindungen durchgeführt wurden.[16] Zunächst waren andere Probleme wichtiger, wie etwa die Frage, welche Rolle die politischen Parteien in der Verwaltung spielen sollten. Auch die Tatsache, dass die Eliten teilweise ausgetauscht wurden, verhinderte weitere kommunale Umgliederungen. In den Früh- und Endphasen der Republik erschütterten wirtschaftliche Krisen das Land. Da sich die schlechte Wirtschaftslage auch auf die öffentlichen Kassen auswirkte, fehlte oft das Geld, weitere Maßnahmen zu Eingemeindungen zu ergreifen. Dennoch gab es auch in der Zeit der Weimarer Republik einige wichtige Änderungen und Ansätze für Reformen.

Bereits 1920 wurde durch die territoriale Neugliederung von Berlin ein sehr großes Reformprojekt abgeschlossen.[17] Durch das Groß-Berlin-Gesetz bildeten sechs Städte (Berlin-Lichtenberg, Berlin-Schöneberg, Berlin-Wilmersdorf, Charlottenburg, Neukölln und Spandau) sowie 59 Gemeinden und 27 Gutsbezirke (unter anderem das Berliner Stadtschloss) zusammen mit dem alten Stadtgebiet die neue Stadt Groß-Berlin. Damit ersetzte Groß-Berlin den bisherigen kommunalen Verband, der 1911 entstanden war. Einen gänzlich anderen Weg ging die preußische Verwaltung im Fall des Ruhrgebiets. Dort wurde am 3. Juli 1929 kein administrativer Block gebildet, sondern eine Verbandslösung vorgezogen. Dadurch blieben die Städte des Ruhrgebiets unabhängig. Die Verwaltung wurde aber vereinfacht und überge-

---

14 Unruh 1981, S. 37.
15 Die Novemberrevolution, die am 9. November 1918 zur Abdankung Kaiser Wilhelms II. führte, begann Anfang November durch den Aufstand der Matrosen der Reichsmarine in Kiel (vgl. Wette 1991).
16 Scheuner 1981, S. 58-59.
17 Thieme 1981, S. 51-52.

ordnete Stellen eingerichtet, die gemeinsame Verwaltungsaufgaben übernahmen. Dies war einfacher als eine große neue Stadt zu schaffen.

Eingemeindungen wurden in der Zeit der Weimarer Republik nach den gleichen rechtlichen Grundlagen wie zur Zeit des Kaiserreichs durchgeführt, d.h. es gab eigene Regelungen für jeden deutschen Staat.[18] Auf den Städtetagen 1925 und 1929 wurde gefordert, zumindest eine reichsweite Städteordnung einzuführen, um so die rechtliche Stellung der Städte und Gemeinden einheitlich zu regeln. Die Landkreise forderten zunehmend, dass die Leistungsfähigkeit der Kreise wieder hergestellt werden müsse, nachdem viele Kreise durch das Wachstum der Städte wichtige Gemeinden verloren hatten. Die Städte traten wiederum dafür ein, die Interessen der Landkreise zurück zu stellen. Am 3. Mai 1932 wurde eine Verwaltungsreform beschlossen und damit die Vereinheitlichung der Regierungsbezirke und Kreise vorangetrieben. Diese Reform stand allerdings unter dem Eindruck der Finanzmisere, in der sich die öffentlichen Kassen befanden.

Bereits 1927 wurde der Versuch unternommen, Eingemeindungen durch ein neues Gesetz zu vereinfachen, das sich aber nie durchsetzte.[19] Zwischen 1925 und 1930 entstanden 25 Gesetze für kommunale Neugliederungen. Die Versuche der Vereinheitlichung und Vereinfachung konnten bis zum Ende der Weimarer Republik nicht erfolgreich abgeschlossen werden. Ein Grund für die ablehnende Haltung der Landkreise, die auch für das Scheitern vieler Reformen mitverantwortlich war, könnte die Ansicht sein, dass die preußische Verwaltung der Republik als zu städtefreundlich angesehen wurde.[20] Bereits nachdem Adolf Hitler am 30. Januar 1933 zum Reichskanzler ernannt worden war, wurde eine Verwaltungsreform im Land Oldenburg durchgeführt. Dabei sank die Zahl der Gemeinden von 117 auf 57. Dies war die letzte kommunale Reform, die noch in der demokratischen Zeit beschlossen worden war.

In der Weimarer Republik konnten nicht viele Reformen durchgeführt werden, da das Deutsche Reich in dieser Zeit mehrfach durch wirtschaftliche und politische Krisen praktisch handlungsunfähig war. Dennoch wurden mit der Schaffung Groß-Berlins, der übergeordneten Verwaltung des Ruhrgebiets und den ersten Vorschlägen für eine reichsweite Städteordnung wichtige Reformen durchgeführt, bzw. initiiert. Im folgenden Kapitel wird gezeigt, welche Reformvorhaben aus den 1920er Jahren erst unter nationalsozialistischer Herrschaft durchgeführt werden konnten und welche eigenen Projekte in dieser Zeit besondere Relevanz besaßen.

---

18 Scheuner 1981, S. 71-72.
19 Scheuner 1981, S. 72.
20 Unruh 1981, S. 38-40.

2.3 Die Phase des Nationalsozialismus

Obwohl Adolf Hitler etwa 12 Jahre Reichskanzler war[21], wurden Reformen im kommunalen Bereich nur bis in das Jahr 1939 hinein verfolgt.[22] Danach gab es, bedingt durch den Zweiten Weltkrieg, keine weiteren Maßnahmen im Bereich der Gebietsreformen. Diese sollten erst nach Kriegsende durchgeführt werden. Dazu kam es, aufgrund der Niederlage des Deutschen Reiches, nicht mehr. Nach der sogenannten Machtergreifung wurden viele Positionen in der Verwaltung neu besetzt, ähnlich wie nach dem Ende des Ersten Weltkriegs. Projekte aus der Weimarer Republik wurden dabei aber weiter geführt, wie etwa die Einführung einer reichsweiten Gemeindeordnung am 30. Januar 1935. Diese stand zwar in der Tradition der vom Deutschen Städtetag bereits Ende der 1920er Jahre geforderten Vereinheitlichung, war aber stark vom nationalsozialistischen Führerprinzip beeinflusst. Von diesem Zeitpunkt an konnte der Reichsstatthalter die Gemeindegrenzen eigenmächtig verändern. Eine Anhörung der Bevölkerung und der Gemeindevertreter war nicht vorgesehen.

Die größten Gebietsreformen fanden in Norddeutschland statt.[23] Die Stadt Watenstedt-Salzgitter wurde geschaffen und zwischen der preußischen Provinz Hannover und dem Land Braunschweig wurde ein Gebietsaustausch durchgeführt, um die Territorien zu vereinheitlichen. Die mit Abstand größte Wirkung hatte aber das Groß-Hamburg-Gesetz.[24] Durch dieses Gesetz, das am 28. Januar 1937 in Kraft trat, verlor die Stadt Lübeck ihre Unabhängigkeit und wurde in die Provinz Schleswig-Holstein integriert. Dafür wurden die Städte Altona und Wandsbek aus dieser Provinz ausgegliedert und in die Stadt Hamburg eingemeindet. Zwischen Hannover und Hamburg fand ebenfalls ein großer Austausch statt, Cuxhaven und Geesthacht wurden von Hamburg an Hannover abgegeben, Wilhelmsburg-Harburg in Hamburg eingemeindet. Die Städte, die bereits baulich und wirtschaftlich eng mit Hamburg verbunden waren, wurden auch administrativ in die Stadt eingegliedert.

Wie schon erwähnt, konnte der Reichsstatthalter das Groß-Hamburg-Gesetz erlassen, ohne die Zustimmung der betroffenen Städte dafür erhalten zu haben. Dies wäre in der Zeit der Weimarer Republik nicht möglich gewesen, da die Zustimmung von vier verschiedenen Provinz- und Stadtparlamenten Voraussetzung gewesen wäre. Der Senat von Lübeck hätte der Eingliederung der Stadt in die Provinz Schleswig-Holstein wohl nicht zugestimmt. Die Eingemeindung der umliegenden Städte in die Stadt Hamburg ist bereits seit den 1920er Jahren versucht worden, der fehlende Interessenausgleich zwischen Schleswig-Holstein, Hamburg und Hannover hatte ein weiteres Fortschreiten der Bemühungen aber verhindert.

Während der nationalsozialistischen Herrschaft wurde zunehmend deutlich, dass die Landgemeinden gegenüber den Stadtgemeinden im Nachteil waren, was Organisation und

---

21 Vom 30. Januar 1933 bis zum 30. April 1945.
22 Unruh 1981, S. 40-41.
23 Thieme 1981, S. 54.
24 Vgl. Hennings 1987.

Verwaltung betraf.[25] Deshalb wurde am 6. Januar 1939 beschlossen, Kleinstgemeinden unter 200 Einwohnern aufzulösen. Dieser Beschluss wurde aber während des Zweiten Weltkriegs nicht mehr ausgeführt. In den sechs Jahren, in denen die Verwaltung unter Reichskanzler Hitler in Friedenszeiten arbeiten konnte, wurden verschiedene Projekte umgesetzt, die in einem demokratischen Rechtsstaat kaum möglich gewesen wären.[26] Die Kürze der Zeit verhinderte, dass weitere Reformen durchgeführt werden konnten, welche den Status von Landgemeinden nachhaltig verändert hätten.

2.4 Nachkriegszeit und Bundesrepublik Deutschland – Reformstau und Neuordnung kommunaler Aufgaben

Nach der bedingungslosen Kapitulation der Wehrmacht am 8. Mai 1945 wurde das Deutsche Reich zunächst in drei Besatzungszonen eingeteilt. Die Entwicklung in der Sowjetischen Besatzungszone wird in dieser Arbeit nicht betrachtet, dort wurde die Verwaltung auf andere Weise als in den westlichen Besatzungszonen organisiert.[27] In Westdeutschland wurden eine Britische und eine Amerikanische Besatzungszone eingerichtet, später wurde jedoch aus Gebieten der Amerikanischen eine Französische Zone ausgegliedert. Die territoriale Ordnung Deutschlands wurde von den Alliierten stark verändert. Die größte Änderung war die Auflösung des Landes Preußen 1946 und die Schaffung neuer Länder. Schleswig-Holstein wurde von einer preußischen Provinz zu einem selbstständigen Land. Niedersachsen, Nordrhein-Westfalen, Hessen, Rheinland-Pfalz und das Saarland wurden neu geschaffen. Durch diese Neugliederung entstanden zahlreiche Probleme, denn die Ausdehnung der Landkreise entsprach, vor allem im Grenzgebiet von Hessen und Rheinland-Pfalz, nicht immer den neuen Landesgrenzen.[28] Zum Beispiel verlor die Stadt Mainz die Gemeinden an das Land Hessen, die nördlich des Rheines lagen. Auch die Grenze zwischen dem Saarland, das bis 1957 unabhängig war, und Rheinland-Pfalz war umstritten. Bis zur Gründung der Bundesrepublik Deutschland 1949 konnten diese Probleme aber weitgehend gelöst werden.

Die Bevölkerungsstruktur hatte sich durch den Zweiten Weltkrieg stark geändert.[29] Die Großstädte hatten Einwohner verloren und die Landgemeinden waren vor allem durch die Flüchtlinge aus den deutschen Ostgebieten angewachsen. Erst mit dem Wirtschaftswachstum in den 1950er Jahren kehrte sich diese Entwicklung wieder um. Die Gemeindeordnung war

---

25 Scheuner 1981, S. 73.
26 Zum Rechtssystem in der Zeit des Nationalsozialismus vgl. Fraenkel 1974 und Majer 1987.
27 Scheuner 1981, S. 76.
28 Thieme 1981, S. 54.
29 Scheuner 1981, S. 74-78.

vereinheitlicht worden, so dass die Bezeichnung „Stadt" keine rechtliche Stellung mehr begründete, sondern nur den besonderen historischen Status widerspiegelte. Diese Gemeindeordnung wurde an diejenige vom 30. Januar 1935 angelehnt, das Führerprinzip wurde aber durch demokratische Strukturen ersetzt. Dennoch zeigte sich eine große regionale Vielfalt, denn jedes Land war eigenständig für die Ausgestaltung der kommunalen Selbstverwaltung verantwortlich. Dabei zeigte sich auch der große Einfluss, den die Besatzungsmächte auf die Reform der Verwaltung hatten. Generell kann festgestellt werden, dass die Zentralisierung, die in Ansätzen in Weimarer Zeit erkennbar war, zurückgenommen wurde. Die Schwäche der Landgemeinden wurde erkannt, aber nichts dagegen unternommen. In Oldenburg, das seit 1946 zu Niedersachsen gehörte, wurde die Gemeindereform von 1933 teilweise revidiert und die Zahl der Gemeinden von 57 auf 80 erhöht.

Es wurde demnach an veralteten kommunalen Strukturen festgehalten, deren Schwäche zum Teil bereits seit zwei Jahrzehnten bekannt war.[30] Dies resultierte aus der Ansicht, dass Eingemeindungen die kommunalen Probleme nicht lösen konnten, sondern diese nur verlagerten. Obwohl nach dem Zweiten Weltkrieg ein paar Eingemeindungen vorgenommen wurden und auch kreisfreie Städte entstanden (Wolfsburg, Leverkusen, Mönchengladbach), herrschte bei der territorialen Entwicklung Stillstand. Die öffentliche Meinung richtete sich gegen Eingemeindungen. Gleichzeitig wurden die Probleme ländlicher Gemeinden größer und vielschichtiger. Die starke Zunahme des Individualverkehrs und die daraus entstandenen Pendlerströme führten dazu, dass die Wohnbevölkerung aus den Städten zunehmend in die umliegenden Gemeinden zog. Dies bedeutete auch, dass nun städtische Lebensweisen auf das sogenannte flache Land ausgriffen. Die Landbevölkerung forderte nun von den Gemeinden bessere Infrastruktur (Abwassersysteme, Abfallbeseitigung), höhere Bildungseinrichtungen und medizinische Versorgung (Krankenhäuser, Altenpflegcheime). Da diese neuen Aufgaben von einzelnen Gemeinden nicht mehr getragen werden konnten, kam es zu Zentralisierungsbestrebungen in größeren Orten. In Norddeutschland war vor allem die Zusammenarbeit der Länder Hamburg und Schleswig-Holstein wichtig, um die Pendlerströme in die Großstadt besser ordnen zu können.

Als Vorbild für die gemeinsame regionale Raumordnung gilt die Region Hannover, die am 14. Dezember 1962 gegründet wurde. So konnte die Aufgabe der Regionalplanung übernommen werden, ohne weitere Orte in die Stadt Hannover eingemeinden zu müssen.[31] Die Stellung der Landkreise bei der Raumordnung war ein wichtiger Impuls für die Gebietsreformen in den späten 1960er und frühen 1970er Jahren. Ein weiterer wichtiger Impuls ging vom 45. Deutschen Juristentag 1964 aus. Dort wurde gefordert, kleinere Städte wieder in die Landkreise zu integrieren und dafür größere Stadtkörper durch Eingemeindungen abzurunden. Nur territoriale Reformen könnten die Probleme kommunaler Verwaltung lösen. Um die räumliche Neugliederung sinn- und planvoll durchführen zu können, wurden Sachverständi-

---

30 Ebd., S. 78-85.
31 Zur Region Hannover vgl. Wassermann 2008.

genkommissionen eingesetzt.[32] Auch in Kiel wurde ein Regionalverband gegründet und im Jahr 1970 Gemeinden in die Stadt eingemeindet. Das Ziel der Reformen war nicht, die kommunale Selbstverwaltung zu beenden, sondern die Aufgaben der Gemeinden neu zu strukturieren.[33] Die Städte sollten stärker mit dem Umland kooperieren, die mittlere Versorgung der Bevölkerung in den Gemeinden verbleiben und die Spitzenversorgung in den Städten sicher gestellt werden. Die weitere Entwicklung der kommunalen Gebietsreformen ist für die Fragestellung dieser Arbeit nicht relevant. Vor allem die Eingliederung der Neuen Bundesländer nach der Wiedervereinigung stellte eine besondere Herausforderung dar.

Anhand der Entwicklung in der Bundesrepublik Deutschland bis 1970 wird deutlich, dass zunächst die Wiederherstellung der alten Ordnung wichtiger war, als die Aufgabe, Kommunen effektiv zu organisieren. Die Zentralisierungsbemühungen aus der Zeit der Weimarer Republik wurden ignoriert. Das führte zu einer Krise der kommunalen Verwaltung, die erst durch die Neuordnung Ende der 1960er Jahre gelöst werden konnte. Über den gesamten Zeitraum der Arbeit, von 1869 bis 1970, lässt sich feststellen, dass bis zum Ersten Weltkrieg Eingemeindungen sehr häufig durchgeführt wurden. Erst danach kam es zu einer kritischeren Betrachtung dieses Vorgehens und nach dem Zweiten Weltkrieg wurden Eingemeindungen lange Zeit von der Öffentlichkeit abgelehnt. Erst durch die Reformen der 1960er Jahre kam es erneut zu größeren Eingemeindungsbestrebungen.

2.5 Der Vorgang der Eingemeindungen

Mit der Eingliederung Schleswig-Holsteins in das Königreich Preußen bis zur Abschaffung der Monarchie 1918 war der preußische König formal dafür verantwortlich, dass die Eingemeindungen gültig wurden. Durch seine Unterschrift wurde das entsprechende Eingemeindungsgesetz rechtskräftig, das zuvor vom Preußischen Landtag beschlossen werden musste. Auf Grundlage des Beschlusses, den der Bezirksausschuss in Schleswig fasste, brachte der Innenminister dieses Gesetz in den Landtag ein. Der Bezirksausschuss seinerseits stimmte den Verträgen zwischen Gemeinde, Landkreis und Stadt zu und gab sie weiter. Ein Vertrag konnte allerdings auch abgelehnt werden. Der Vertrag kam durch Verhandlungen zwischen der Stadt Kiel, vertreten durch den Magistrat, und der Gemeindevertretung, bzw. dem Gemeindevorsteher, zustande und musste sowohl von der Gemeindeversammlung als auch dem Stadtrat angenommen werden. Zusätzlich wurde auch zwischen dem betroffenen Landkreis und der Stadt ein Vertrag abgeschlossen und musste von Kreistag und Stadtrat bestätigt werden.

Nach der Abschaffung der Monarchie blieb das Modell weitestgehend bestehen, allerdings wurde der König durch den Ministerpräsident von Preußen ersetzt. In der Zeit des Nationalsozialismus wurde dieses System durch den Doppelstaat ausgehebelt und war somit irre-

---

32 Bernstein 2010, S. 138-139 und Innenminister 1968.
33 Scheuner 1981, S. 91-117.

levant. Die meisten Entscheidungen wurden von höheren Instanzen gefällt, so auch die Frage der Eingemeindungen.

Nach dem Zweiten Weltkrieg wurde der Staat Preußen aufgelöst und Schleswig-Holstein zu einem eigenständigen Land. Deshalb war nun für die Unterzeichnung der Eingemeindungsgesetze der Ministerpräsident von Schleswig-Holstein zuständig. Die Gesetze wurden durch den Landesinnenminister in den Landtag in Kiel eingebracht und die Instanz des Bezirksausschuss fiel weg. Die Verhandlungen zwischen Gemeinde und Stadt wurden weiterhin vom Magistrat und den jeweiligen Bürgermeistern und Gemeindevertretungen geführt.

Im Umland der Stadt Kiel existierten verschiedene Landkreise, aus denen Gemeinden ausgegliedert wurden. Im Süden und Südosten der Landkreis Plön, der mit kleineren Gebietsänderungen heute noch existiert. Im Uhrzeigersinn nach Norden folgend schlossen sich die Landkreise Bordesholm[34], Rendsburg und Eckernförde an. Bordesholm wurde 1932 aufgelöst und auf Rendsburg und Plön aufgeteilt. Rendsburg und Eckernförde wurden in der Kommunalreform von 1970 zum neuen Landkreis Rendsburg-Eckernförde zusammengefasst.[35]

---

34 Steffen 1984.
35 Vgl. Gebietsneuordnungsgesetz 2, §4.

3 Vom Beginn des Stadtwachstums bis zur Eingemeindung von Gaarden-Ost

Wie bereits in der Einleitung dargestellt, wuchs die Stadt Kiel durch die Verlegung des Bundes- bzw. Reichskriegshafens von Danzig an die Förde ab den späten 1860er Jahren stark an.[36] Bereits 1869 wurde die erste Eingemeindung durchgeführt, in den folgenden Jahren folgten verschiedene kleinere territoriale Erweiterungen der Stadt.[37] Nach der Jahrhundertwende begann die letzte Phase des Kaiserreichs, in der die meisten Eingemeindungen zu verzeichnen waren. Dennoch gehört auch Gaarden-Ost, das 1901 eingemeindet wurde, in dieses Kapitel, da die Verhandlungen bereits in den späten 1880er Jahren begonnen hatten und die Eingemeindung dem 19. Jahrhundert zugerechnet werden kann.

3.1 Brunswik und Düsternbrook

Nördlich der Altstadt, vom Dänischen Tor an, erstreckte sich entlang der Brunswiker Straße nach Norden das Dorf Brunswik.[38] Vom 13. bis zum 19. Jahrhundert hatte sich das Dorf kaum verändert, erst durch das Wachstum Kiels wurde auch Brunswik zunehmend umgestaltet. Zahlreiche Grundstücke wurden an Kieler verkauft und bebaut, so dass eine vorstädtische Bebauung entstand. Düsternbrook[39], das Gebiet zwischen der Altstadt und der Wik entlang der Kieler Förde, wurde zunehmend durch Sommerhäuser und Ausflugslokale bestimmt, die hier errichtet wurden, weil das Gebiet zu den beliebten Ausflugszielen der Kieler Bürger gehörte. Noch bevor durch die Ansiedlung der Marine und der Werften das Wachstum der Stadt stark zunahm, wurden beide Gebiete 1869 nach Kiel eingemeindet. In der Folgezeit verschwanden die dörfliche Bebauung und das Straßennetz vollständig. Brunswik und Düsternbrook wurden durch neue Straßen und Wohnbauten umgestaltet.[40]

---

36 Wulf 1991a, S. 207-272 und Salewski 1991, S. 273-286.
37 Jensen 1978.
38 Leisner 1985, Rosenplänter 2011a, Sievers 2011 und Wilde 1995, S. 32-33.
39 Hübner 1985.
40 Maass 1993a, S. 27-32.

3.2 Wik

Durch den Bau des Eiderkanals 1777-1784[41] wurde die Gemeinde Wik, die zu diesem Zeitpunkt 227 Einwohner hatte, nicht direkt betroffen.[42] Allerdings nahm der Durchgangsverkehr auf der Holtenauer Landstraße in der Folgezeit zu und führte zu einer Verdichtung der Bebauung in diesem Bereich. Durch den Bau des Nord-Ostsee-Kanals veränderte sich die Situation der Gemeinde drastisch. Die Wik war durch den Kanalbau zu einer Siedlung im Vorfeld einer bedeutenden Wasserstraße geworden und damit auch in den Fokus des Magistrats der Stadt Kiel gerückt.

Der Stadt ging es vor allem darum, Kiel für die Zukunft zu rüsten und die Vorteile zu nutzen, die sich durch den Kanalbau boten.[43] Dazu sollte ein Freihafen errichtet werden, um den Schiffsverkehr von der Nord- zur Ostsee gezielt nach Kiel zu leiten.[44] Die Initiative ging von der Stadt aus, stieß aber auf Widerstand bei der preußischen Regierung.[45] Eine Eingemeindung der Wik sollte nur unter der Bedingung stattfinden, dass auch Gaarden-Ost eingemeindet würde. Die finanzielle Lage der Gemeinde war allerdings sehr schlecht, so dass die Stadt dafür eine jährliche Unterstützung von 132.642,64 Mark für 15 Jahre forderte.[46] Dies wurde abgelehnt und die Verhandlungen mit Gaarden-Ost gestoppt. Da dem Magistrat klar wurde, dass ein Freihafen auch ohne die Eingemeindung der Wik errichtet werden könnte[47], hatte die Regierung kein Druckmittel mehr gegenüber der Stadt und zog den Widerspruch 1892 zurück.[48]

Die Gemeinde Wik erhielt für die Eingemeindung einige kleinere Privilegien. Unter anderem 12 Jahre Befreiung vom Schlachthofzwang für nicht gewerbliche Schlachtungen und für den gleichen Zeitraum Befreiung von der Hundesteuer. Da nur 1.308 Einwohner in der Wik lebten und es kein nennenswertes Gewerbe- oder Industriegebiet gab, konnten bei den Verhandlungen keine größeren Privilegien erreicht werden.[49] Der Freihafen konnte allerdings nicht gebaut werden, da die Marine den entsprechenden Teil der Förde für den Reichskriegshafen beanspruchte. Dennoch wurde die Gemeinde Wik am 1. April 1893 in Kiel eingemeindet[50] und Kiel erlangte somit die Kontrolle über das südliche Ufer der Mündung des Nord-Ostsee-Kanals.

---

41 Zur Geschichte des Eiderkanals vgl. Stolz 1985.
42 Clausen 1960, Wendt 2011 und Wilde 1995, S. 69.
43 Verwaltungsbericht 1886-1891, S. 1.
44 Stadtarchiv Kiel, Nr. 12338.
45 Verwaltungsbericht 1891-1896, S. 3.
46 Vgl. Kap. 3.3.
47 Stadtarchiv Kiel, Nr. 12338.
48 Stadtarchiv Kiel, Nr. 12339.
49 Wilde 1995, S. 69.
50 Stadtarchiv Kiel, Nr. 12338.

3.3 Gaarden-Ost

Gaarden-Ost und Gaarden-Süd entwickelten sich sehr unterschiedlich, obwohl sie im Laufe der Neuzeit zu einem Straßendorf zusammen gewachsen waren.[51] Klösterlich Gaarden, also Gaarden-Ost, gehörte zunächst zum Kloster Preetz[52] und anschließend zum Landkreis Plön. Gaarden-Süd war zuerst Teil des Amtes Kiel[53], anschließend dem Landkreis Kiel und ab 1907 dem Landkreis Bordesholm zugeordnet. Bereits 1870 sollte Gaarden-Ost nach Kiel eingemeindet werden, bis zur endgültigen Eingemeindung am 1. April 1901 wurden die Verhandlungen jedoch mehrfach unterbrochen und wieder aufgenommen. Deshalb wird die Eingemeindung von Gaarden-Ost in dieser Arbeit dem 19. Jahrhundert zugeordnet, und damit nicht der Hochphase der Eingemeindungen von der Jahrhundertwende bis zum Ersten Weltkrieg.

Der Grund für die unterschiedliche Entwicklung der beiden Gemeinden war, dass Gaarden-Ost über Grundstücke entlang der Förde verfügte, die ab 1863 zunehmend von den Werften belegt wurden. 1863 existierte in Gaarden-Ost nur die Werft des Schiffbauers Bruhn, bereits 1867 entstand aber auch die Norddeutsche Werft. Aus der Norddeutschen Werft ging 1882 die Germaniawerft hervor[54], die 1896 von der Friedrich Krupp AG übernommen wurde. Nach einigen Erweiterungen des Geländes lag die Werft zwischen der Hörn und der Wilhelminenhöhe. Nördlich davon erstreckte sich die Kaiserliche Werft[55], die aus dem 1868 angelegten Marine-Etablissement hervorgegangen war. Das Gelände der Kaiserlichen Werft endete nach einigen Erweiterungen an der Schwentinemündung und umfasste den größten Teil des Fördeufers in Gaarden-Ost, Ellerbek und Wellingdorf.

Kiel war zwar Reichskriegshafen, aber die wichtigsten Werften lagen auf dem Ostufer und damit außerhalb des Stadtgebiets.[56] Deshalb war eine Eingemeindung von Gaarden-Ost bereits 1870 angeregt, vom Kreistag in Plön aber abgelehnt worden. Ab Ende der 1880er Jahre befasste sich auch die königliche Staatsregierung mit diesem Thema. Der preußische Innenminister Ernst Ludwig Herrfurth ordnete am 1. Dezember 1889 an, dass die Polizeiverwaltung von Gaarden und Ellerbek (Kreis Plön), sowie Wik, Hassee, Gaarden, Wellingdorf, Neumühlen und Dietrichsdorf (Kreis Kiel) mit der Kieler Polizei zusammengelegt werden sollten. Durch diese Maßnahme sollten die Eingemeindungen nach Kiel vorbereitet werden. Außerdem legte der Innenminister fest, dass ohne die Eingemeindung von Gaarden-Ost keine weiteren Eingemeindungen stattfinden dürften (vgl. Kap. 3.2). Daraufhin wurde von der Kommission zur Vorbereitung über die Eingemeindung benachbarter Landgemeinden in den Stadtbezirk Kiel am 21. Dezember 1891 ein Bericht vorgelegt, in dem die Vor- und Nachteile einer Eingemeindung von Gaarden-Ost dargestellt und analysiert wurden. Dieser sehr um-

---

51 Scherreiks 2011b, Voerde / Lorenz / Otto o.J., Wilde 1995, S. 54-55.
52 Zum Kloster Preetz vgl. Lorenzen-Schmidt 2000.
53 Zum Amt Kiel vgl. Bracker 2000.
54 Ostersehlte 2011b.
55 Ostersehlte 2011c.
56 Wilde 1995, S. 54-55.

fangreiche Bericht wies auf eine große Menge von Problemen hin, die sich durch eine Eingemeindung für die Stadt Kiel ergeben würden. Die größten Schwierigkeiten ergaben sich aus der Tatsache, dass in Gaarden-Ost die wichtigsten Werften entlang der Förde lagen. Mit der Einrichtung der Werften siedelten sich auch zahlreiche Arbeiter an. Gaarden-Ost wuchs von 970 Einwohnern im Jahr 1867 auf 10.456 Einwohner im Jahr 1890. 56% der Einwohner waren von den Arbeitsplätzen in der Werftindustrie abhängig. Die Arbeiter erbrachten ein geringes Steueraufkommen, belasteten aber gleichzeitig den Gemeindeetat massiv, da die zugezogenen Familien oft viele Kinder hatten. Dadurch musste die Gemeinde größere finanzielle Mittel, unter anderem für die Schulbildung, aufbringen. Auch die Kosten für die Armenversorgung lagen in Gaarden-Ost höher als in vergleichbar großen Gemeinden mit geringerem Arbeiteranteil. Verschärft wurde dieses Problem der Gemeinde dadurch, dass die Kaiserliche Werft, im Gegensatz zur Germaniawerft, keine Steuern zahlte, da sie dem Reichsfiskus gehörte. Die finanzielle Situation der Gemeinde zeigte sich darin, dass zwischen 1870 und 1890 viele kommunale Aufgaben, wie der Straßenbau, vernachlässigt worden waren. Gleichzeitig gab es keine nutzbringenden Grundstücke mehr und die Immobilien der Gemeinde konnten kaum gewinnbringend verkauft werden.

Die Kommission stellte fest, dass die Eingemeindung nach Kiel die einzige Möglichkeit war, die Gemeinde zu retten, aber auch Kiel hätte die hohen Belastungen durch eine Steuererhöhung ausgleichen müssen.[57] Allein um die Infrastruktur von Gaarden-Ost auf das Niveau von Kiel zu bringen, war laut Kommission etwa eine Million Mark notwendig.[58] Gleichzeitig gab es kaum Potenzial, um Kosten zu sparen. Ohne Staatshilfen hätte demnach eine Eingemeindung im Jahr 1891 kaum im finanziellen Interesse Kiels gelegen. Die Gewährung von finanzieller Unterstützung durch Preußen wurde allerdings am 20. September 1892 abgelehnt. Die geforderte Summe von 132.642,64 Mark pro Jahr über einen Zeitraum von 15 Jahren lag über dem, was die preußische Regierung zu zahlen bereit war. Die Verhandlungen waren damit zum zweiten Mal nach 1870 gescheitert, diesmal allerdings an den Forderungen der Stadt Kiel.

Im Verlauf der 1890er Jahre verbesserte sich die Situation in Gaarden-Ost punktuell. Die Gemeinde unternahm große Anstrengungen, um die vom Magistrat Kiels geforderten Verbesserungen der Infrastruktur und Finanzverwaltung zu erreichen.[59] Die Verhandlungen wurden unter anderem deshalb wieder aufgenommen. Ein anderer Grund war, dass die Stadt die Eingemeindung nicht nur unter finanziellen Gesichtspunkten betrachtete, sondern vor allem auch im stadtplanerischen Zusammenhang. Die Erweiterung der Germaniawerft nach der Übernahme durch Krupp und die Verlegung der Maschinenwerkstatt Tegel nach Gaarden-Ost schufen mehr als 3.000 neue Arbeitsplätze. Die Gemeinde konnte aber keinen neuen Wohnraum schaffen, so dass die neu zugezogenen Familien auch nach Kiel auswichen. Eine ge-

---

57 Verwaltungsbericht 1891-1896, S. 3.
58 Stadtarchiv Kiel, Nr. 25788.
59 Ebd.

meinsame Stadtplanung wurde demnach unabdingbar, vor allem, da die Kaiserliche Werft ebenfalls erweitert werden sollte. Sowohl Kiel als auch Gaarden-Ost wollten nicht den gleichen Fehler wie bei der Errichtung der Werften machen und mit der Eingemeindung warten, bis es zu spät war, die Probleme gemeinsam zu lösen. Der Erfolg der gemeinsamen Stadtplanung zeigte sich darin, dass der benötigte Wohnraum bald nach der Eingemeindung gebaut und genutzt werden konnte.[60]

Die Verhandlungen dauerten weniger als zwei Jahre, von 1899 bis 1901, wurden aber durch den Kreistag Plön erschwert, da dieser dem Eingemeindungsvertrag am 14. Dezember 1900 nicht zustimmte.[61] Dennoch konnte Gaarden-Ost am 1. April 1901 eingemeindet werden, da der Preußische Landtag dem Eingemeindungsgesetz zustimmte. Dadurch gehörten die Germaniawerft und der größte Teil der Kaiserlichen Werft zu Kiel.[62] Da die Kaiserliche Werft weiterhin keine Steuern an die Kommune zahlte, musste eine andere Möglichkeit gefunden werden, um die Steuerausfälle kompensieren zu können.[63] Dazu sprach Oberbürgermeister Paul Fuß[64] beim zuständigen Staatssekretär, Vize-Admiral von Tirpitz[65], persönlich vor und erreichte, dass 15 Jahre lang 28.000 Mark Reichsbeihilfen pro Jahr an die Stadt ausgezahlt wurden.[66] Der Reichstag und der Bundesrat stimmten dieser Regelung zu. Das Problem der fehlenden Steuern war somit zunächst gelöst.

Mit dem Landkreis Plön bestand seit den gescheiterten Verhandlungen von 1870 ein Konflikt.[67] Der Kreis beanspruchte im Zuge der Verhandlungen von 1899 bis 1901 313.008,29 Mark (302.475 Mark um den Verlust an Steuereinnahmen auszugleichen, davon allein 10.533,29 Mark aus dem Vermögen der Gemeinde). Die Stadt klagte dagegen und forderte ihrerseits 10.332,59 Mark aus Aktiva und Passiva des Landkreises und 25.000 Mark in Aktien (25 Aktien der Kleinbahn-AG Kiel-Schöneberg[68]). Der Landkreis Plön widersprach den meisten Forderungen, akzeptierte aber die Teilung der Aktien der Kleinbahn-AG.[69] Am 28. November 1902 fällte der Bezirksausschuss in Schleswig ein Urteil und verkündete, dass die Aktien geteilt werden sollten und alle anderen Ansprüche von beiden Seiten haltlos seien. Gegen diese Entscheidung legte der Kreis Plön Widerspruch ein und nach weiteren Verhandlungen und Urteilen wurde am 4. November entschieden, dass die erstinstanzliche Entscheidung, die Aktien zu teilen und alle anderen Ansprüche abzuweisen, korrekt gewesen sei. Damit endete der Streit zwischen Kiel und dem Landkreis Plön.

---

60   Wilde 1995, S. 57.
61   Stadtarchiv Kiel, Nr. 14058.
62   Verwaltungsbericht 1896-1907, S. VII.
63   Stadtarchiv Kiel, Nr. 14058.
64   Paul Fuß (1844-1915), Oberbürgermeister von 1888-1912, vgl. Geckeler 2011a.
65   Zu Tirpitz vgl. Salewski 1999.
66   Stadtarchiv Kiel, Nr. 14058.
67   Verwaltungsbericht 1901-1906, S. 13-14.
68   Zur Kleinbahn Kiel-Schönberg vgl. Kaufhold 2011b.
69   Verwaltungsbericht 1901-1906, S. 13-14.

Auch die Neuorganisation der Verwaltung war schwieriger als vom Magistrat zunächst angenommen.[70] Die Beamten und Angestellten der Gemeinde Gaarden-Ost wurden alle in den städtischen Dienst übernommen, dennoch reichte der Personalbestand nicht aus, denn die neuen Aufgaben in Gaarden-Ost waren sehr umfangreich. So gehörten alleine 6 große Schulen mit 55 Lehrkräften ab April 1901 zusätzlich zum Schulbezirk Kiel, die Schulverwaltung konnte mit dem ihr zugewiesenen Personal jedoch kaum ihre Aufgaben erfüllen. Auch andere Dezernate klagten über Personalmangel und der Magistrat musste reagieren. Dazu wurden alle Dezernenten angeschrieben und aufgefordert, ihre Personalwünsche zu melden. Eigentlich sollten nur Stellen neu geschaffen werden, die nicht schon vor der Eingemeindung von Gaarden-Ost gefordert worden waren. Aber da dem Magistrat klar wurde, dass auf diese Weise die Verwaltung der Stadt kaum aufrecht erhalten werden konnte, wurden Ausnahmen gemacht und auch Stellen besetzt, die nicht unmittelbar aus der Eingemeindung notwendig geworden waren. Oberbürgermeister Paul Fuß wies in einem Schreiben darauf hin, dass dies eher zu wenig als zu viele Stellen betraf.

Die Verwaltung der Schulen stellte ein besonderes Problem dar, denn unter anderem die hohen Kosten für die große Menge der Arbeiterkinder hatten maßgeblich zur finanziellen Misere der Gemeinde beigetragen.[71] Das Steueraufkommen für die Schulen betrug zum Zeitpunkt der Eingemeindung 61.000 Mark jährlich, die Ausgaben summierten sich dagegen auf 170.000 Mark. Aber nur in dem Fall, dass keine weiteren großen Ausgaben zu diesem Budget hinzu kommen würden. Allerdings wurde die Germaniawerft zu diesem Zeitpunkt ausgebaut und dort sollten bei voller Kapazität 7.000 Arbeiter beschäftigt werden. Dies erhöhte die Gesamtbevölkerung von Gaarden-Ost auf 20.000 Einwohner und damit die Kosten für die Schulverwaltung auf 240.000 Mark. Die Finanzierungslücke erhöhte sich demnach in dem Maß, wie der Magistrat 1901 vermutete. Allerdings wurde diese Berechnung durch die Erweiterung der Kaiserlichen Werft ausgehebelt, die Bevölkerungszahl stieg bis 1910 auf 30.427 Einwohner.[72]

Die Feststellung des 'Geheimen Kommerzienrath' Sartori[73], dass der Haushalt von Gaarden-Ost nur dann ausgeglichen sein könnte, wenn die Kaiserliche Werft weiterhin 30.000 Mark Reichsbeihilfen pro Jahr zahlen würde, war demnach vollkommen richtig.[74] Es gab aber auch Bereiche, in denen kaum Veränderungen notwendig waren oder sogar Einsparungen vorgenommen werden konnten. Dies betraf unter anderem die Feuerwehr, denn die Betriebsfeuerwehren der Werften standen in jedem Brandfall auch der Gemeinde zur Verfügung. Deshalb musste die Kieler Berufsfeuerwehr keine Außenstelle in Gaarden-Ost einrichten, wodurch die Kosten für die Feuerwehrverwaltung minimal blieben. Außerdem konnte das

---

70 Stadtarchiv Kiel, Nr. 13099, Bl. 21-27, 54-55, 78-81, 167.
71 Stadtarchiv Kiel, Nr. 14002.
72 Wilde 1995, S. 54.
73 August Anton Heinrich Sartori (1837-1903), vgl. Ostersehlte 2011e.
74 Stadtarchiv Kiel, Nr. 14002.

Standesamt Gaarden aufgelöst und die Aufgaben an das Standesamt Kiel übergeben werden. Auch in Hinblick auf andere staatliche Aufgaben belastete die Eingemeindung die Stadt nicht zusätzlich.

Insgesamt kann festgestellt werden, dass die Eingemeindung von Gaarden-Ost in finanzieller Hinsicht eine große Belastung für die Stadt Kiel darstellte. Dies war aber nicht der einzige Gesichtspunkt, der bei der Eingemeindung eine Rolle spielte. Im Zeitraum von 1870 bis 1899 hatte sich gezeigt, dass die Gemeinde mit der finanziellen Überforderung durch die Ansiedlung von Arbeitern und ihren Familien nicht zurecht kam und immer mehr Schulden machen musste, um die wichtigsten kommunalen Aufgaben wahrnehmen zu können. Das Wachstum der Gemeinde war auch ein Grund für Kiel, Gaarden-Ost letztlich einzugemeinden. So konnte sichergestellt werden, dass das Wachstum der vorstädtischen Gemeinde keine negativen Auswirkungen auf Kiel selbst haben würde, etwa durch die Ansiedlung von Werftarbeitern aus Gaarden-Ost in der Stadt. Dabei war vor allem die Schaffung von ausreichend Wohnraum von großer Relevanz[75], denn ohne die Eingemeindung wäre dies für Gaarden-Ost kaum möglich gewesen. Die Stadt stellte in diesem Fall ihre finanziellen Interessen zurück.[76]

---

75   Vgl. Weber-Karge 1991-1994.
76   Zu den Problemen Gaardens vgl. auch Killisch / Stewig 1983.

4 Die Jahre vor dem Ersten Weltkrieg

4.1 Projensdorf

Bereits kurz nach der Errichtung des Nord-Ostsee-Kanals[77] kaufte die Stadt Kiel 1896 die Grundstücke des Gutes Projensdorf, die südlich des Kanals lagen.[78] Da das Gebiet sehr dünn besiedelt war, hatte die Eingemeindung über einen längeren Zeitraum keine Priorität. Insgesamt handelte es sich um ein Areal von 225 ha, das im Zuge der Kanalbegradigung 1907 aber etwas kleiner wurde. Auch der Ausbau des Nordhafens verringerte die Fläche von Projensdorf. Nach kurzen Verhandlungen wurde die Eingemeindung 1909 vollzogen. Diese Verhandlungen fanden im Rahmen der Eingemeindungsverhandlungen von 1910 statt. Administrativ wurde das Gebiet dem Stadtteil Wik eingegliedert.[79] Erst in den 1920er Jahren wurden einige neue Wohnbauten errichtet und das Gebiet damit aufgewertet.[80]

4.2 Die Eingemeindungen von 1910

Alle Eingemeindungen, die zum 1. April 1910 durchgeführt wurden, standen in engem Zusammenhang zueinander.[81] Hassee und Gaarden-Süd waren strukturell und politisch sehr ähnlich organisiert und wurden in den Eingemeindungsverhandlungen fast wie eine Gemeinde behandelt. Ellerbek und Wellingdorf waren zwar nicht auf diese Art und Weise miteinander verbunden, aber Kiel wollte beide Gemeinden nur zusammen eingemeinden. Da die Landesregierung nicht bereit war, mehr als ein Eingemeindungsgesetz zu erlassen, sollte auch Hasseldieksdamm zusammen mit den vier anderen genannten Gemeinden eingemeindet werden. Aufgrund dieser besonderen Situation werden in den folgenden Kapiteln vor allem die Gemeinden Gaarden-Süd und Ellerbek betrachtet. Ellerbek war zwar weniger wichtig als Wellingdorf, aber der Konflikt zwischen der Stadt Kiel und dem Arbeiterbauverein Ellerbek bietet einen guten Einblick in das Verhältnis zwischen Magistrat und Arbeitern.

---

77 Zu den Auswirkungen des Kanalbaus auf die betroffenen Gemeinden vgl. Toaspern 1950.
78 Rothert 2011f.
79 Stadtarchiv Kiel, Nr. 33079.
80 Wilde 1995, S. 69-70.
81 Wulf 1991a, S. 213-215.

4.2.1 Gaarden-Süd

Im Gegensatz zu Gaarden-Ost war die Gemeinde Gaarden-Süd nicht durch finanzielle Probleme gezwungen, Eingemeindungsverhandlungen mit der Stadt Kiel einzuleiten[82], da sich hier das Wachstum anders entwickelte. Die erste für Kiel spürbare Folge der Industrialisierung war die Errichtung der Bahnstrecke Kiel-Altona, die Gaarden-Süd ab 1844 in zwei Teile spaltete.[83] Die Ansiedlung größerer Industriebetriebe und damit verbunden ein starkes Anwachsen der Bevölkerung blieben in den folgenden Jahrzehnten jedoch aus.[84] Im Jahr 1890 hatte Gaarden-Süd 1.414 Einwohner, bis 1905 wuchs die Bevölkerung auf 2.352 Personen an.

Diese Entwicklung war auch ein Grund für die Stadt Kiel, die Eingemeindung von Gaarden-Süd anzustreben.[85] Der Magistrat fürchtete, dass sich Industriebetriebe aus Kiel in Gaarden-Süd ansiedeln könnten, da es dort viele ungenutzte Grundstücke gab. Die Eingemeindungskommission der Stadt Kiel stellte fest, dass die Eingemeindung von Gaarden-Süd bereits 1882/83 zum Zeitpunkt der Erweiterung der Eisenbahnstrecke angedacht worden war. Die Verhandlungsniederschriften wurden von Seiten der Gemeinde allerdings einem Rechtsanwalt vorgelegt, woraufhin die Stadt die Verhandlungen beendete. Der Magistrat ging nicht mehr davon aus, dass eine schnelle Einigung erzielt werden könnte. In den 1890er Jahren wurde Gaarden-Süd in die städtebaulichen Planungen der Stadt und die Erweiterung der Bebauung in den sogenannten Stübbenplan einbezogen.[86] Kiel wollte die Entwicklung allerdings direkt kontrollieren, weshalb ab 1903 erneute Eingemeindungsverhandlungen aufgenommen wurden.[87] Die wirtschaftliche und städtebauliche Vereinigung von Kiel und Gaarden-Süd sollte auch politisch vollzogen werden. Die Gemeindevertretung stand diesen Plänen zunächst skeptisch gegenüber. Als aber klar wurde, dass beide Seiten von einer Eingemeindung profitieren würden, wurden bald Forderungen gestellt. Sie umfassten im Wesentlichen drei Punkte: Steuerprivilegien, Abfindung für den Gemeindevorsteher und Ausbau der Straßen. Die Verhandlungen dauerten bis 1906, als sich beide Seiten auf umfassende Steuerprivilegien einigten. Außerdem verpflichtete sich die Stadt, weite Teile des Straßennetzes in Gaarden-Süd auszubauen und den Gemeindevorsteher als städtischen Beamten mit einem Gehalt von höchstens 6.000 Mark pro Jahr plus Wohngeld und einer Abfindung von 30.000 Mark zu übernehmen. Diesen Vorschlag lehnte der Kreistag Bordesholm allerdings ab.

Wie wichtig der Stadt die Eingemeindung von Gaarden-Süd war, zeigt sich daran, dass die Verhandlungen weiter geführt wurden und die Stadt zu weiteren Zugeständnissen bereit war.[88] Der Kreis Bordesholm forderte für die Eingemeindung von Gaarden-Süd, Hassee und

---

82 Scherreiks 2011b, Wilde 1995, S. 54-55.
83 Kaufhold 2011a.
84 Stadtarchiv Kiel, Nr. 37325.
85 Verwaltungsbericht 1906-1911, S. 1.
86 Wilde 1995, S. 44-46.
87 Verwaltungsbericht 1906-1911, S. 1-3.
88 Stadtarchiv Kiel, Nr. 37325.

Hasseldieksdamm, sowie die zukünftige Eingemeindung von Suchsdorf und Kronshagen 600.000 Mark. Kiel lehnte dies zwar ab, da die Stadt nicht für Eingemeindungen bezahlen wollte, die möglicherweise nie durchgeführt werden würden, aber es wurde weiter verhandelt. Letztlich konnte eine Einigung erzielt werden: Kiel zahlte zum 1. April 1910 jeweils 120.000 Mark für Gaarden-Süd und Hassee, sowie 120.000 Mark für Hasseldieksdamm, Kronshagen und Suchsdorf zusammen, da die Verhandlungen nicht an den finanziellen Forderungen des Kreises Bordesholm scheitern sollten.

In den Verhandlungen mit Gaarden-Süd wurden die Steuerprivilegien auf alle Personen der Gemeinde, deren Ehegatten und Nachkommen ausgeweitet und die Abfindung für den Gemeindevorsteher auf 40.000 Mark erhöht.[89] Diesen Vertrag von 1907 lehnte die Staatsregierung jedoch ab, da armenrechtliche Verpflichtungen fehlten und die Steuerprivilegien nicht nur für Personen sondern auch für Betriebe und Grundstücke gelten sollten. Dafür wurde die Dauer der Privilegien von 15 auf 12 Jahre verringert, woraufhin das Abgeordnetenhaus dieser Regelung zustimmte. Allerdings wurde das Gesetz im Herrenhaus abgelehnt, da die Abfindung für den Gemeindevorsteher als eine Form der Bestechung betrachtet und die Befürchtung geäußert wurde, dass Gemeindevorsteher in Zukunft nur aufgrund von Abfindungszahlungen Eingemeindungen vorantreiben würden.

Als Reaktion auf die Ablehnung des Herrenhauses forderte die Regierung eine weitere Beschränkung der Privilegien. Deshalb wollte die Stadt die Steuerprivilegien auf 10 Jahre begrenzen. Dies lehnte aber die Gemeindevertretung ab. Der Versuch der Stadt, Gaarden-Süd daraufhin zwangsweise einzugemeinden, scheiterte am Widerstand der Regierung, daraufhin wurden erneute Verhandlungen mit der Gemeinde eingeleitet. Diese endeten mit einer Einigung, bei der die Steuerprivilegien für 12 Jahre festgelegt wurden. Außerdem wurden weiterhin einige kleinere Änderungen am Vertrag vorgenommen. Die Verhandlungen konnten Mitte 1909 zu einem Abschluss gebracht werden.

Die langen und schwierigen Verhandlungen zwischen Gaarden-Süd und Kiel wurden durch die Verhandlungen mit den anderen drei Gemeinden verkompliziert.[90] Es wurde aber deutlich, dass Kiel ein großes Interesse an der Eingemeindung von Gaarden-Süd hatte. Die Stadt war sogar bereit, der Gemeinde große Freiheiten zuzugestehen, solange diese mit dem Wahlrecht Kiels vereinbar waren und den Stadthaushalt nicht zu stark belasteten.

4.2.2 Hassee

Wie bereits erwähnt ähnelten sich Gaarden-Süd und Hassee stark.[91] Die beiden Gemeindevorsteher hatten den gleichen Rang und wurden in den Verhandlungen dementsprechend auch gleich behandelt. Dies betraf vor allem die Abfindungen und garantierten Gehälter bei der

---

89 Verwaltungsbericht 1906-1911, S. 3-6.
90 Stadtarchiv Kiel, Nr. 37325.
91 Verwaltungsbericht 1901-1906, S. XII, Stadtarchiv Kiel, Nr. 37325.

Übernahme in den städtischen Dienst nach der Eingemeindung. Die Verzögerungen bei den Eingemeindungen, geplant waren diese bereits für 1906 und 1908, wurden letztlich nicht durch die Verhandlungen zwischen der Stadt und den Gemeinden sondern durch den Landkreis Plön, bzw. die Landesregierung und das Parlament verursacht. Gaarden-Süd, Hassee und Kiel waren sich relativ schnell einig, da von beiden Seiten ein großes Interesse an den Eingemeindungen bestand.[92]

Hassee liegt, wie Gaarden-Süd, südlich der Stadt und konnte um die Jahrhundertwende als Vorort angesehen werden.[93] In der Mitte des 19. Jahrhunderts lebten 377 Personen in dem Dorf, das vor allem von der Lage an den Chausseen nach Rendsburg und Hamburg profitierte. Im weiteren Verlauf des Jahrhunderts siedelten sich kleinere Fabriken in Hassee an, worauf die Bevölkerungszahl auf über 2.000 Einwohner im Jahr 1897 anstieg. Ebenso wie Gaarden-Süd wurde die Gemeinde Hassee in die Bauplanung der Stadt Kiel durch den Stübbenplan eingeschlossen.[94] Eine weitere Gemeinsamkeit mit Gaarden-Süd ist, dass eine Eisenbahnstrecke auf dem Gemeindegebiet verlief, die Strecke nach Rendsburg wurde allerdings erst 1904 erbaut. Vermutlich fürchtete der Magistrat Kiels auch im Fall von Hassee, dass sich Industriebetriebe aus der Stadt in der Gemeinde ansiedeln könnten, wodurch Arbeitsplätze und Steuereinnahmen verloren gegangen wären.[95] Außerdem wollte die Stadt verhindern, dass weiterhin ungeklärte Abwässer aus Hassee in die Hörn eingeleitet würden, da sie das Wasser der Förde extrem verschmutzten.[96]

Die Auswirkungen einer Eingemeindung auf Kiel wurden von der Eingemeindungskommission untersucht und das Ergebnis am 8. November 1905 vorgestellt. Eine Übernahme der Beamten und Angestellten der Gemeinde stellte kein Problem dar. Allerdings musste im Einzelfall über das Gehalt und die Stellung verhandelt werden, da nicht alle Forderungen erfüllt werden konnten. Außerdem mussten Neueinstellungen städtischer Beamter erfolgen, da die bisherige Personalstärke nicht ausreichte. In naher Zukunft mussten keine neuen Schulgebäude errichtet werden und der Austritt aus dem Gesamtarmenverband Kronshagen blieb ohne weitere Kosten, da der Verband über mehr Aktiva als Passiva verfügte. Insgesamt wurde von einem Fehlbetrag von 4.002,40 Mark ausgegangen, wobei davon 2.016 Mark auf das Schulgeld entfielen, das Schüler aus Hassee nicht mehr in Kiel zahlen mussten. Die Eingemeindungen waren demnach kein finanzielles Risiko und rundeten das Bild der Stadt nach Süden ab.[97]

---

92 Vgl. Kap. 4.2.1.
93 Grönhoff 1965, Rosenplänter 2011d, Wilde 1995, S. 65-67.
94 Vgl. Kap 4.2.1.
95 Wilde 1995, S. 65-67.
96 Stadtarchiv Kiel, Nr. 33077.
97 Wilde 1995, S. 66.

4.2.3 Ellerbek

Anders als die übrigen Gemeinden, die 1910 eingemeindet wurden, war Ellerbek Teil des Landkreises Plön und nicht des Kreises Bordesholm.[98] Dies bedeutete gleichzeitig, dass sowohl Ellerbek als auch Wellingdorf verkehrstechnisch und wirtschaftlich weitgehend von ihren Landkreisen losgelöst waren. Ähnlich wie in Gaarden-Ost wurde die Entwicklung der Gemeinde Ellerbek maßgeblich von der Ansiedlung der Werften bestimmt.

Im Schleswig-Holsteinischen Krieg von 1848 bis 1851 kaufte die schleswig-holsteinische Marinekommission Grundstücke in Ellerbek an.[99] Da der Krieg aber mit einer Niederlage Schleswig-Holsteins, Preußens und des Deutschen Bundes gegen Dänemark endete, blieb diese Erwerbung zunächst folgenlos.[100] Nach dem zweiten Krieg um Schleswig-Holstein 1864, der mit dem Sieg des Deutschen Bundes und dem Ende der Personalunion zwischen Dänemark und Schleswig-Holstein endete, begann Georg Howaldt auf Grundstücken in Ellerbek mit dem Schiffbau.[101] Dieses Gelände wurde 1868 von der Marine des Deutschen Bundes übernommen und das neue Marine-Etablissement errichtet. Diese Anlage umfasste den gesamten südlichen Bereich des Dorfes Ellerbek. Aus dem Marine-Etablissement entstand die Kaiserliche Werft, die bis 1874 erweitert wurde und der letztlich ein großer Teil des alten Dorfes weichen musste. Statt der alten, dörflichen Bebauung entstanden neue Straßen und Wohnhäuser. Die Errichtung der Werft hatte auch zur Folge, dass sich zahlreiche Arbeiter in Ellerbek ansiedelten. So stieg die Zahl der Einwohner zwischen 1850 und 1910 von 457 auf über 8.000 an.[102]

Durch diese Entwicklung war eine Eingemeindung Ellerbeks auch für die Stadt Kiel interessant und auch die Landesregierung war vom Nutzen einer solchen Maßnahme überzeugt. So gehörte Ellerbek zu den Gemeinden, deren Polizeiverwaltung zum 1. Dezember 1889 mit der von Kiel zusammengelegt worden war.[103] Ohne die vorherige Eingemeindung von Gaarden-Ost war eine Eingemeindung Ellerbeks aber nicht sinnvoll. Daher ist es nicht verwunderlich, dass nach den gescheiterten Eingemeindungsverhandlungen von 1891[104] von Seiten Kiels kein weiteres Interesse bestand. Als Begründung wurde angeführt, dass weder städtische Bauweise existierte, noch größerer Verkehr zwischen Stadt und Gemeinde festgestellt werden konnte.[105]

---

98 Maass 1993b, S. 139-144. Tillmann 2011a.
99 Zur Entwicklung Ellerbeks vgl. Mitteilungen 1937 und Tillmann 2004-2006.
100 Zur Schleswig-Holsteinischen Erhebung von 1848 vgl. Stolz 1996 und zum deutsch-dänischen Krieg 1864 vgl. Stolz 2010.
101 Ostersehlte 1999-2003.
102 Wilde 1995, S. 60.
103 Stadtarchiv Kiel, Nr. 25788.
104 Vgl. Kap. 3.3.
105 Verwaltungsbericht 1896-1901, S. VII.

Die bis dahin für den Magistrat fehlende städtische Bebauung wurde ab 1893 vom 1889 gegründeten Arbeiterbauverein Ellerbek e.G.m.b.H. errichtet.[106] Dafür kaufte der Arbeiterbauverein Grundstücke von der Gemeinde und baute dort Wohnungen für die Arbeiter der Kaiserlichen Werft. Bis 1910 entstanden auf diese Weise 855 Wohnungen und 5 Kilometer Straße. Für den Bau weiterer Gebäude standen zu diesem Zeitpunkt noch 800.000 m² Baugebiet zur Verfügung.[107] Ähnlich wie in Gaarden-Ost scheint auch in Ellerbek die Situation der Gemeinde durch die zusätzliche Ansiedlung von Arbeiterfamilien verschlechtert worden zu sein, denn der kommissarische Gemeindevorsteher Bachmann forderte am 13. März 1907 eine Erhöhung der bisher vom Reich bewilligten Beihilfen. Ellerbek erhielt zu diesem Zeitpunkt jährlich 12.000 Mark Reichsbeihilfen, um den Steuerausfall durch die Kaiserliche Werft auszugleichen. Am 14. Mai 1907 beschloss die Gemeindevertretung, als Reaktion auf ähnliche Beschlüsse in Wellingdorf und Dietrichsdorf, die Eingemeindung in die Stadt Kiel zu beantragen.[108]

Die Verhandlungen mit Gaarden-Süd, Wellingdorf, Hassee, Hasseldieksdamm und Ellerbek wurden gleichzeitig geführt und die Eingemeindungsverträge sollten nach dem Willen der Landesregierung in einem gemeinsamen Gesetz dem Parlament vorgelegt werden.[109] Allerdings unterschied sich Ellerbek massiv von den Gemeinden, die südlich von Kiel lagen und durch ihre Lage und finanzielle Situation eine gute Verhandlungsposition hatten. 4.000 Einwohner Ellerbeks waren Arbeiter, was etwa 50% der gesamten Gemeindebevölkerung entsprach. Laut Regierungsassessor Bachmann führte dies ebenso wie in Gaarden-Ost zu einer größeren Belastung der Gemeindefinanzen, vor allem im Bereich der Schulverwaltung. Die 1.258 Arbeiter der Werft erbrachten 45.689,04 Mark Steuern, während die 1.152 übrigen Erwerbstätigen eine Steuerleistung von 88.509,60 Mark aufbrachten. Insgesamt fehlten 20.000 Mark an Steuern, selbst mit der Reichsbeihilfe von 12.000 Mark pro Jahr, um die Lasten aller Angehörigen der Werftarbeiter zahlen zu können. Zwar erhöhte die Budgetkommission des Reichstags die Beihilfe auf 20.000 Mark pro Jahr, aber auch durch diese Maßnahme konnten nicht alle Kosten gedeckt werden.[110]

Die Erweiterung der Kaiserlichen Werft 1903/04 war eine der Ursachen, warum die Gemeinde zwischen 1901 und 1907 größere Probleme hatte, alle finanziellen Lasten zu tragen. Durch die Bautätigkeiten wurde der Rest der alten dörflichen Bebauung zerstört und es siedelten sich weitere Arbeiter an. Bis 1910 wuchs die Wohnbebauung von Gaarden-Ost und Ellerbek so weit zusammen, dass fast von einem zusammenhängenden Wohngebiet gesprochen werden konnte.[111] Kiel ließ Anfang des Jahres 1908 einen Bericht über die Auswirkungen einer Eingemeindung Ellerbeks durch den Magistratsassessor Dr. Pauly anfertigen. In diesem

---

106   Zur Geschichte des Arbeiterbauvereins vgl. Sievers 1978.
107   Arbeiterbauverein 1911, S. 3.
108   Stadtarchiv Kiel, Nr. 33072.
109   Stadtarchiv Kiel, Nr. 37325.
110   Stadtarchiv Kiel, Nr. 33072, Bl. 15-18.
111   Wilde 1995, S. 60-61.

Bericht, der auf den 1. April 1908 datiert ist, wurde festgestellt, dass die Übernahme des kommissarischen Gemeindevorstehers in den städtischen Dienst nicht möglich war. Die übrigen Bediensteten der Gemeinde wollten zu diesem Zeitpunkt nicht in den städtischen Dienst übertreten. Zwar hatte die Gemeinde 264.695,77 Mark Schulden und der Wert der Grundstücke war mutmaßlich zu hoch geschätzt, dennoch hätte Kiel im Fall einer Eingemeindung einen Überschuss von 310,32 Mark erzielen können. Ein großes finanzielles Risiko wäre die Eingemeindung demnach nicht gewesen.[112]

Auf der Basis dieses Berichts kam die Eingemeindungskommission am 25. Oktober 1907 zu dem Ergebnis, dass der Eingemeindung Ellerbeks keine essentiellen Bedenken entgegen stünden. Die zusätzlichen Belastungen des Etats wurden als nicht schwerwiegend eingestuft. Da die Gemeinde fast vollständig bebaut war, die noch nicht bebauten Grundstücke des Arbeiterbauvereins lagen zum großen Teil in Wellingdorf[113], wurde ein weiterer Bevölkerungsanstieg als unwahrscheinlich angesehen. Die öffentlichen Einrichtungen befanden sich in einem guten Zustand und es bot sich die Möglichkeit, die Gemeinde auch an den Nachteilen (höhere Steuern, etc.) und nicht nur an den Vorteilen (höhere Schulen, Krankenversorgung, etc.) der Großstadt teilhaben zu lassen. Zusätzlich wollte der Magistrat ein einheitliches Verwaltungsgebiet an der Förde schaffen, dass vom Nord-Ostsee-Kanal bis zur Schwentine reichen sollte.[114] Um die Kontrolle über die Schwentine zu erlangen, musste Wellingdorf eingemeindet werden und dies konnte nur bei gleichzeitiger Eingemeindung Ellerbeks geschehen. Das war auch eine Klausel in beiden Eingemeindungsverträgen, da Ellerbek für die Stadt wenig attraktiv, Wellingdorf verkehrstechnisch aber vor allem über Ellerbek zu erreichen war.[115]

Eine weitere Bedingung für die Eingemeindung war, dass die Reichsbeihilfe für weitere 15 Jahre gewährt werden würden. Allerdings nicht 20.000 Mark pro Jahr, wie von der Budgetkommission des Reichstags gewährt, sondern es wurde von 12.000 Mark jährlich ausgegangen. Da Ellerbek kaum Spielraum in den Verhandlungen hatte, anders als Gaarden-Süd oder Hassee, die attraktive Entwicklungsmöglichkeiten boten, konnte der Gemeindevorsteher nur mäßige Steuerprivilegien erreichen. Diese sollten für 10 Jahre gelten, also kürzer als bei den beiden anderen Gemeinden.[116] Die einzigen Privilegien waren Vergünstigungen bei der Hundesteuer, dies betraf aber nur wenige Einwohner Ellerbeks. Zusätzliche Belastungen entstanden für die Gemeinde, da der Landkreis Plön das öffentliche Interesse für die Eingemeindung nicht anerkannte und eine Entschädigung von 80.000 Mark forderte. Kiel lehnte dies ab, da nur von der Zahlungsunfähigkeit bedrohte Landkreise Entschädigungen für Eingemeindungen fordern durften, was auf Plön nicht zutraf. Die Landesregierung weigerte sich allerdings, die Verträge dem Parlament vorzulegen, solange keine Einigung erzielt sei. Deshalb

---

112 Stadtarchiv Kiel, Nr. 33072, Bl. 56-59.
113 Arbeiterbauverein 1911, S. 8.
114 Stadtarchiv Kiel, Nr. 33073.
115 Stadtarchiv Kiel, Nr. 33073, Verwaltungsbericht 1906-1911, S. 7.
116 Stadtarchiv Kiel, Nr. 33073.

zahlte die Stadt die geforderten 80.000 Mark an den Kreis, um nicht alle anderen Eingemeindungen scheitern zu lassen. Um diesen Betrag zu refinanzieren, wurden die Steuern für die Einwohner Ellerbeks erhöht.[117]

Zwar stimmte die Gemeindevertretung diesen Änderungen zu, aber vor allem der Arbeiterbauverein fühlte sich benachteiligt. 1911 veröffentlichte er eine Schrift, um gegenüber der Eingemeindung Ellerbeks Stellung zu beziehen. Diese wird im Folgenden näher betrachtet.

1910 wohnten 4.000 der 8.000 Einwohner Ellerbeks in Gebäuden des Arbeiterbauvereins und es standen noch 800.000 m² Bauland zur Verfügung.[118] Nach eigenen Angaben erbrachten diese Personen entsprechend ihrer Anzahl die Hälfte der Steuerleistung der Gemeinde, die Berechnungen der Stadt Kiel ergaben aber ein anderes Bild.[119] Der Verein hatte kein Interesse daran darzustellen, dass seine Mitglieder weniger Steuern erbrachten als die restlichen Gemeindemitglieder. Die Stadt wiederum hatte Zugang zu den Unterlagen der Gemeinde und konnte demnach das reale Steueraufkommen anhand der offiziellen Zahlen errechnen. Die Tatsache, dass die Einschätzungen von Arbeiterbauverein und Stadt in dieser Frage sehr weit auseinander lagen, zeigt, dass die Schrift von 1911 kein neutraler Bericht ist und auch nicht als solcher angesehen werden kann.

Auf der anderen Seite verdeutlicht die Beschreibung der Eingemeindungsverhandlungen, auf welche Weise die Mitwirkung der Arbeiter verhindert werden sollte. Regierungsassessor Bachmann, der nur kommissarisch als Gemeindevorsteher fungierte, begann die Verhandlungen, konnte diese aber nicht zu einem Abschluss bringen. Seinem Nachfolger, Regierungsassessor Kramer, gelang dies im Jahr 1910. Die Verhandlungen selber wurden nur durch den kommissarischen Gemeindevorsteher und zwei Gemeindevertreter geführt und waren geheim. Die Bestimmungen des Vertrages wurden erst am 31. März 1910 bekannt gegeben, einen Tag, bevor dieser in Kraft treten sollte. Zu diesem Zeitpunkt fehlte nur die Zustimmung der Gemeindevertretung Ellerbek, die auf Anraten des Regierungsassessors zustimmte. Da Mitglieder des Arbeiterbauvereins aufgrund des herrschenden Wahlrechts nicht in die Gemeindevertretung gewählt werden durften, konnte dieser auch keinen Einfluss auf die Verhandlungen nehmen. Der Ausschluss der Öffentlichkeit von den Verhandlungen sorgte dafür, dass auch keine indirekte Einmischung möglich war.[120]

Wie bereits geschildert, hatte Ellerbek bei den Eingemeindungsverhandlungen keinen großen Handlungsspielraum. Deshalb konnten auch kaum Steuerprivilegien für die Gemeinde erreicht werden. Diese wurden aber gestrichen, nachdem der Kreis Plön 80.000 Mark Entschädigung erhalten hatte und diese Kosten von der Gemeinde getragen werden sollten.[121] Das führte auch dazu, dass der Arbeiterbauverein ab dem 1. April 1910 deutlich höhere Steu-

---

117 Verwaltungsbericht 1906-1911, S. 8-9.
118 Arbeiterbauverein 1911, S. 3.
119 Stadtarchiv Kiel, Nr. 33072, Bl. 15-18.
120 Arbeiterbauverein 1911, S. 4-5.
121 Verwaltungsbericht 1906-1911, S. 8-9.

ern zahlen musste. Der Grundsteuerfreibetrag lag 1909 bei 15.000 Mark und wurde für 1910 auf 10.000 Mark verringert. Außerdem wurde der gemeine Wert zahlreicher Grundstücke neu geschätzt und zum Teil erheblich erhöht. Im Jahr 1910 mussten insgesamt 23.151,05 Mark an Grundsteuer an die Stadt abgeführt werden, dies entsprach 21% der Mieteinnahmen. Für 1911 erhöhte sich dieser Betrag auf 24.403,01 Mark, denn ab dem Jahr galt die neue Schätzung des gemeinen Wertes. Da diese Summe nicht sofort gezahlt werden konnte, zahlte der Verein zunächst 11.517,41 Mark und für den Rest des Betrags wurde eine Stundung erbeten. Kiel lehnte dies jedoch ab. Der Streit um die Zahlung der Grundsteuer blieb nicht die einzige Auseinandersetzung zwischen Stadt und Arbeiterbauverein, auch die Verwaltung der Stadt wurde massiv kritisiert. So warf der Verein der Stadt vor, durch Verzögerungen beim sehr umfangreichen Schriftwechsel die Erschließung der Grundstücke in Wellingdorf verhindern zu wollen.[122]

Am Ende der Schrift stellte die Leitung des Arbeiterbauvereins fest, dass die Eingemeindung mehr Schaden als Nutzen erbracht habe, besonders für den Verein selber. Wäre der Verein in Kiel und nicht in Ellerbek ansässig gewesen, hätte im Verlauf der Tätigkeit eine Verbindung von Stadt und Verein entstehen können. Dies war allerdings aufgrund der Umstände der Eingemeindung nicht möglich. Deshalb kam der Vereinsvorstand zu der Erkenntnis, dass die Stadt von der Bautätigkeit profitiert hat, da auf diese Weise die Wohnungslage in Kiel entspannt worden war. Diese Tatsache ignorierte die Stadt vollständig und nutzte die Eingemeindung, um dem Verein zu schaden und diesen als kritischen Beobachter der Stadtpolitik auszuschalten. Der Vorstand sah kaum eine Möglichkeit, die Arbeit des Vereins weiter fortzuführen. Die naheliegende Vermutung, dass die Stadtverwaltung die Arbeit des Arbeiterbauvereins behindert hat, weil es sich um eine sozialdemokratische oder sozialistische Institution gehandelt hat, kann bei näherer Betrachtung nicht aufrecht gehalten werden.[123] Im Aufsichtsrat des Arbeiterbauvereins fanden sich mehrere hohe Reichsbeamte. Die Haltung der Stadt musste demnach eine andere Ursache haben. Es ist durchaus möglich, dass Oberbürgermeister Fuß und andere Mitglieder des Magistrats und des Bauamtes die sozialpolitische Bedeutung der Bautätigkeit unterschätzten. Andererseits könnte es auch sein, dass die Mitglieder des Arbeiterbauvereins durch höhere Steuern die Kosten der Vollkanalisation tragen sollten. Eindeutig geklärt werden kann dies nicht. Allerdings zogen in der Zeit nach der Eingemeindung 100 Haus-Anwärter wegen der gestiegenen Kosten aus. Dennoch führte der Verein seine Arbeit fort.

Insgesamt zeigt sich am Beispiel Ellerbeks und des Arbeiterbauvereins sehr deutlich, dass die Stadt und die Gemeinden kein Interesse daran hatten, dass die breite Masse der Bevölkerung in Eingemeindungsverhandlungen einbezogen wurde. Die Konditionen der Eingemeindungen wurden hinter verschlossenen Türen ausgehandelt und anschließend der Bevölkerung präsentiert.

---

122 Arbeiterbauverein 1911, S. 6-9, 17-19.
123 Sievers 1978, S. 94-96.

4.2.4 Wellingdorf

Bis in das späte 19. Jahrhundert hinein blieb Wellingdorf von der Entwicklung Kiels nahezu unberührt.[124] 1841 lebten 366 Personen in der Gemeinde und erst nach der Ansiedlung der Schiffswerft Stocks und Kolbe 1893 veränderte sich die Struktur der Siedlung. Bis 1904 ließen sich die Hanf- und Drahtseilfabrik Andersen in Wellingdorf nieder und das Gelände der Kaiserlichen Werft wurde bis an die Schwentine erweitert. Die Fischer mussten in einen neuen Fischerhafen an der Schwentine ausweichen, wo auch eine neue Siedlung entstand. Gleichzeitig wurde von Ellerbek aus die städtische Bebauung erweitert, die zwar weniger dicht als in Gaarden-Ost oder Ellerbek war, aber bis 1910 etwa 4.500 Menschen dazu brachte sich in Wellingdorf anzusiedeln.

Aufgrund der Ausdehnung der Stadt und der Kaiserlichen Werft stellte die Gemeindevertretung Wellingdorf am 13. Mai 1907, zeitgleich mit Ellerbek[125], den Antrag, Eingemeindungsverhandlungen mit Kiel aufzunehmen.[126] Kiel forderte im Gegenzug Einsicht in die Finanzunterlagen der Gemeinde. Der Magistrat stellte fest, dass die Bebauung der bisher frei gebliebenen Flächen in Wellingdorf nach einer Anpassung des Bebauungsplans ohne größere Schwierigkeiten möglich wäre, so dass bei einer Eingemeindung Grundstücke in erheblichem Wert für die Stadt zur Verfügung stünden. Da die Entwicklung Wellingdorfs nicht abgeschlossen war, ging die Stadt davon aus, dass sich die Gemeinde schnell weiter entwickeln würde.

Gleichzeitig waren die Investitionskosten für Kiel relativ gering. Die Straßen waren zum größten Teil gepflastert und mit einer Kanalisation versehen, die Berufsfeuerwehr musste nicht ausgeweitet werden und die Gemeinde war bereit, bei den meisten Steuern den Kieler Satz ohne Frist zu übernehmen. Lediglich die Grundsteuer sollte mit einer Frist von 15 Jahren an das städtische Niveau angepasst werden. Die Versorgung Wellingdorfs mit Strom, Gas und Wasser wurde weiterhin von Neumühlen-Dietrichsdorf übernommen, so dass die Stadtwerke keine neuen Leitungen bauen mussten. In der Gesamtbetrachtung fiel der Fehlbetrag im Haushalt von 15.073,50 Mark, bzw. mit 21.573,50 Mark inklusive Zinszahlungen, nicht sehr hoch aus.

Die größten Schwierigkeiten bei der Eingemeindung Wellingdorfs entstanden bei den Eingemeindungsverhandlungen zwischen Kiel und Ellerbek.[127] Ohne Ellerbek konnte Wellingdorf nicht eingemeindet werden, da die Gemeinde sonst eine Exklave der Stadt gewesen wäre. Deshalb mussten erst die Verhandlungen mit dem Landkreis Plön über eine angemessene Entschädigungssumme abgeschlossen werden. Letztendlich sicherte Kiel die Zahlung von 80.000 Mark zu. Die Verzögerung beunruhigte allerdings die Gemeindevertretung und die

---

124 Rosenplänter 2011n, Wilde 1995, S. 62-63.
125 Stadtarchiv Kiel, Nr. 33072.
126 Stadtarchiv Kiel, Nr. 33085.
127 Verwaltungsbericht 1906-1911, S. 8-9.

Bevölkerung von Wellingdorf.[128] Erst am 19. März 1909 lag ein Eingemeindungsvertrag vor, der von der Gemeinde am 3. April angenommen wurde. Trotz kleinerer Veränderungen in der Folgezeit blieb der Vertrag im Kern bestehen, sodass der Bezirksausschuss in Schleswig am 23. September 1909 zustimmen und die Eingemeindung zum 1. April 1910 erfolgen konnte.

4.2.5 Hasseldieksdamm

Die Verhandlungen zwischen Kiel und Hasseldieksdamm waren kurz und es gab kaum Probleme[129], deshalb wird in diesem Kapitel vor allem betrachtet, welche Vertragsbestandteile nicht oder nur teilweise erfüllt wurden.

Hasseldieksdamm liegt westlich von Kiel und gehörte schon 1271 zum Weichbild Kiels.[130] In den folgenden Jahrhunderten entwickelte sich das Dorf kaum weiter und 1850 lebten dort 189 Einwohner. Auch die Errichtung der Eisenbahnlinie Kiel-Eckernförde im Jahr 1881 beeinflusste das Dorf wenig und erst nach 1900 wurden erste städtische Wohnbauten errichtet. 1908 hatte Hasseldieksdamm 351 Bewohner. Erst nach der Eingemeindung wurden die Wohngebiete weiter ausgebaut und die Bevölkerungszahl stieg an. Die Eingemeindung erfolgte aus Zweckmäßigkeit, da Gaarden-Süd und Hassee ebenfalls eingemeindet wurden.[131] Die engen Beziehungen zu Hassee und Kiel und die zunehmende Bautätigkeit waren dabei die entscheidenden Faktoren. Da die Gemeinde kaum in der Lage war, die Anlage neuer Wohngebiete zu verwalten, lag es im Interesse Kiels, die Kontrolle darüber zu erlangen.

Dies galt auch für den Bau von Straßen und der Kanalisation. In den Verhandlungen wurden Hasseldieksdamm Steuerprivilegien zugesichert und der Ausbau der Straßen vereinbart, allerdings war der Umfang der Zugeständnisse weit geringer als bei Gaarden-Süd oder Hassee. Auch die Entschädigung war geringer. In den Verhandlungen mit dem Landkreis Bordesholm wurden 120.000 Mark für Hasseldieksdamm und die zukünftige Eingemeindung von Suchsdorf und Kronshagen vereinbart.[132] Die Entschädigung wurde in dieser Höhe allerdings nie gezahlt.[133] Insgesamt sollte die Stadt 1910 für die Eingemeindungen 600.000 Mark zahlen, diese Summe wurde aber bereits kurz nach den Eingemeindungen auf 384.864 Mark reduziert. Der Landkreis Bordesholm verzichtete demnach auf mehr als 35 % der Entschädigungssumme.

Bereits in den 1920er Jahren gab es Beschwerden, dass Kiel auch andere Zusagen aus den Eingemeindungsverträgen nicht eingehalten habe.[134] Dabei ging es um Bauvorhaben, vor

---

128 Stadtarchiv Kiel, Nr. 33085.
129 Verwaltungsbericht 1906-1911, S. 6-7.
130 Casper 1952, Rosenplänter 2011e, Wilde 1995, S. 68-69.
131 Verwaltungsbericht 1906-1911, S. 6-7.
132 Stadtarchiv Kiel, Nr. 37325.
133 Stadtarchiv Kiel, Nr. 33677.
134 Stadtarchiv Kiel, Nr. 33092.

allem den Straßenbau. Da der Magistrat die Eingemeindungsverhandlungen mit Holtenau, Pries und Friedrichsort nicht gefährden wollte, wurde eine Übersicht veröffentlicht, welche Projekte aus welchen Gründen nicht zur Ausführung gekommen waren. Darin wurde deutlich, dass der Ausbruch des Ersten Weltkriegs Bauvorhaben gestoppt hatte. In Wellingdorf und Ellerbek betraf dies mehrere kleinere Baumaßnahmen. In Gaarden-Süd und Hassee seien einige Bauprojekte aufgrund von Verwaltungsproblemen nicht realisiert worden. Außerdem sei der Bau der Straßenbahn nach Gaarden-Süd nicht dringend. In Hasseldieksdamm seien dagegen alle Projekte wie zugesichert realisiert worden.

Eine Untersuchung des städtischen Tiefbauamtes aus den 1960er Jahren zeigte Gründe auf, weswegen die Bauvorhaben in Hasseldieksdamm teilweise erst Jahre nach dem zugesicherten Termin fertig gestellt werden konnten.[135] Die Pläne und Karten der Gemeinde waren zum Teil unrichtig und mussten neu ausgearbeitet werden. Dabei hatten die zuständigen Stellen in Hasseldieksdamm den Arbeitsaufwand unterschätzt und somit falsche Kalkulationen aufgestellt. Da auch das Planfeststellungsverfahren in vielen Fällen nicht ordnungsgemäß durchgeführt worden war, musste dies wiederholt werden, was weitere Verzögerungen bedeutete. Eine geplante Straße konnte nur deshalb nicht zeitnah gebaut werden, weil ein Grundstücksbesitzer zu hohe Entschädigungsforderungen stellte. Das behinderte den Grunderwerb und somit den Bau. Die Entwässerung der Gemeinde konnte deshalb nicht innerhalb des Zeitplanes verbessert werden, weil die Gräben und Auen zu geringe Gefälle aufwiesen. Abwasser und Schmutzwasser konnten so nicht schnell genug abgeführt werden. Da die Pläne nicht zuverlässig waren, mussten alle Gräben und Auen neu vermessen werden, bevor Baumaßnahmen eingeleitet werden konnten.

Diese Situation verhinderte, dass die Stadt schnell die versprochenen Baumaßnahmen durchführen konnte. In anderen Gemeinden war die Situation nicht besser, dies kann hier aber nicht genauer untersucht werden. Allerdings scheinen die meisten Gemeinden gegenüber der Stadt falsche Angaben gemacht zu haben. Nahezu alle Haushaltspläne der 1910 eingemeindeten Gemeinden stellten sich als fehlerhaft heraus.[136] Dadurch war die Berechnungsgrundlage für die Eingemeindungen falsch und die Fehlbeträge teilweise weit höher, als von der Stadt veranschlagt. Unter anderem deshalb wurden nach dem Ersten Weltkrieg bei Eingemeindungen kaum Steuerprivilegien gewährt.

---

135 Stadtarchiv Kiel, Nr. 55552.
136 Stadtarchiv Kiel, Nr. 33081.

5 Die Zwischenkriegszeit

Durch die Niederlage im Ersten Weltkrieg musste das Deutsche Reich seine Streitkräfte drastisch reduzieren, was auch die Flotte betraf.[137] Dies traf vor allem den Reichskriegshafen Kiel schwer, denn die Wirtschaft war bis zu diesem Zeitpunkt fast ausschließlich auf die Reichsmarine ausgerichtet.[138] Deshalb standen bei den Eingemeindungen der 1920er Jahre andere Ziele im Vordergrund als vor dem Weltkrieg. Es ging nun vor allem darum, Industriebetriebe einzugemeinden, um die Einnahmen der Gewerbesteuer zu erhöhen. Im Fall Holtenaus sollten noch nicht genutzte Bereiche der Förde zu Häfen ausgebaut werden. Im folgenden Kapitel werden die Eingemeindungen in der Zeit der Weimarer Republik näher betrachtet. Abweichend davon wird danach mit Elmschenhagen (1939) die einzige Eingemeindung während der nationalsozialistischen Herrschaft dargestellt.[139] Ziel dabei war die Erweiterung des Stadtgebiets, um die geplanten Liegenschaften der Kriegsmarine besser verwalten zu können.

5.1 Die Eingemeindungen nördlich des Nord-Ostsee-Kanals

Die königlich-preußische Verwaltung hatte bereits in den 1890er Jahren während des Baus des Nord-Ostsee-Kanals dem Magistrat dargelegt, dass Kiel keinesfalls Gebiete aus dem Landesteil Schleswig eingemeinden dürfe.[140] Dies betraf alle Gemeinden nördlich des neuen Kanals. Nach dem Wechsel von königlicher zu republikanischer Verwaltung galt diese Vorgabe nicht mehr und Kiel begann damit, die Eingemeindung von Holtenau voranzutreiben.[141] Anlass für die Eingemeindungsverhandlungen war der Versuch der Stadt, Grundstücke an der Förde zu übernehmen, die sich für den Ausbau des zivilen Hafens eigneten.[142] Da die meisten Uferstrecken an der Förde innerhalb des Stadtgebiets belegt waren, musste auf die Gemeinden nördlich des Nord-Ostsee-Kanals ausgewichen werden. Da die Verbindungen zwischen den betreffenden Gemeinden und dem Landkreis Eckernförde gering waren, andererseits aber eine starke Bindung an Kiel vorlag, wurde nicht mit großem Widerstand von Seiten des Kreises gerechnet.[143]

---

137 Krumeich 2001.
138 Dopheide 2011a, Wulf 1991b.
139 Stadtarchiv Kiel, Nr. 33677.
140 Stadtarchiv Kiel, Nr. 25788.
141 Stadtarchiv Kiel, Nr. 33092.
142 Stadtarchiv Kiel, Nr. 33095.
143 Vgl. Detlefsen 1978, S. 25-74 und Wulf 1991b, S. 305-308.

5.1.1 Holtenau

Mit der Auflösung des Gutsverbands Holtenau 1876 begann die Selbstständigkeit dieser zu diesem Zeitpunkt 330 Einwohner umfassenden Gemeinde.[144] Der alte Eiderkanal hatte kaum Auswirkungen auf die Gemeinde und erst der Bau des neuen Nord-Ostsee-Kanals zwischen 1887 und 1895 brachte für das Dorf größere Veränderungen. Das Gelände zwischen Dorfkern und Kanalufer wurde erschlossen und mehrere Gebäude errichtet. Zwar war der Kanal Teil des Kanalgutsbezirks, dazu gehörten das Kanalufer, Leuchttürme, Gebäude und Dienstgebäude, aber Holtenau wuchs durch die Lage am Kanal stark an. 1900 lebten 1.434 Personen in der Gemeinde, zum Zeitpunkt der Eingemeindung 1922 bereits 3.179. Die Verbindung mit Kiel wurde zunächst durch eine Fährverbindung und ab 1912 vor allem durch die Hochbrücke hergestellt. Aufgrund der Bestimmungen des Versailler Vertrages wurden die Bauarbeiten an einer Torpedo- und U-Bootwerft beendet und das Fort Holtenau musste gesprengt werden.

Trotz des Baustopps waren einige Bereiche in Vossbrook bereits erschlossen worden. Dieses Gelände war die Grundlage für den Vorstoß Kiels, Holtenau einzugemeinden.[145] Am 11. Dezember 1920 setzte die Gemeindevertretung Holtenau eine Eingemeindungskommission ein, um die Verhandlungen schnell und effizient durchführen zu können.[146] Im Februar 1921 rechneten sowohl Vertreter der Stadt als auch der Gemeinde damit, dass die Eingemeindung im Jahr 1924 erfolgen würde, da die Voraussetzungen für eine Eingemeindung gut waren.[147] Zwar hatte Holtenau 148.000 Mark Schulden aber über die Kreiswohlfahrtspflege einen Anspruch von 107.000 Mark gegenüber dem Reichsfiskus. Außerdem waren die Betriebsanlagen schuldenfrei, es gab eine profitable Sparkasse und ein gut ausgebautes Straßen- und Kanalisationsnetz.

Die Gemeinde bot viele Vorteile, die eine Eingemeindung rechtfertigten. Das betraf nicht nur Vossbrook, das sehr gut geeignet war, um den städtischen Hafen weiter auszubauen. Allerdings war Holtenau durch den Niedergang der Werftindustrie schwer getroffen und nur durch die Reichswerke Friedrichsort weiterhin lebensfähig. Dennoch stellte die Gemeindevertretung einige Forderungen an Kiel. So sollte die Gasversorgung auf dem gleichen Niveau wie in Kiel garantiert und es sollten eine Straßenbahnanbindung und bessere Fährverbindungen eingerichtet werden. Zusätzlich sollten alle Beamten und Angestellten in den städtischen Dienst übernommen werden und eine Verwaltungsstelle vor Ort erhalten bleiben. Abgesehen von der Straßenbahnanbindung wollte die Stadt diese Forderungen erfüllen.

Das größte Problem bei den Verhandlungen stellte allerdings der Kreis Eckernförde dar. Die Streitpunkte waren im Einzelnen eine angemessene Entschädigung, der Bau der Eisenbahnstrecke, der Hafen Vossbrook und die Gemeinden Pries und Friedrichsort. Der Kreis

---

144 Detlefsen 1978, S. 75-101, Rosenplänter 2011f, Wilde 1995, S. 81-83.
145 Stadtarchiv Kiel, Nr. 33092.
146 Stadtarchiv Kiel, Nr. 33094.
147 Stadtarchiv Kiel, Nr. 33092.

Eckernförde hatte die gleichzeitige Eingemeindung der beiden Gemeinden zur Bedingung für die Eingemeindung Holtenaus gemacht. Die Verhandlungen gehörten untrennbar zusammen. Da die zusätzlichen Eingemeindungen keine große finanzielle Belastung darstellten, akzeptierte die Stadt diese Bedingung. Nach einigen Verhandlungen wurde auch erreicht, dass die Errichtung der Bahnstrecke getrennt von den Eingemeindungsverhandlungen behandelt wurde. Schwieriger waren die Verhandlungen in Bezug auf Vossbrook. Da dieses Gelände zum Gutsbezirk Stift gehörte, musste es erst nach Holtenau eingemeindet werden, bevor die Eingemeindung nach Kiel erfolgen konnte.[148] Zwar wurde dies im Verlauf des Jahres 1922 vom Landkreis beschlossen, aber die Veröffentlichung dieses Beschlusses verzögerte sich bis zum 2. September 1922. Der Magistrat der Stadt vermutete, dass auf diese Weise Druck auf Kiel ausgeübt werden sollte. Eine Forderung des Landkreises war die Beteiligung an den Gewinnen des geplanten Hafens, was die Stadt allerdings als indiskutabel zurückgewiesen hatte.[149] Deshalb verzichtete Eckernförde im Verlauf der Verhandlungen auf diese Forderung.

Als größtes Problem stellte sich die finanzielle Situation des Landkreises heraus. Nach eigenen Angaben hatte der Kreis bei 47.000 Einwohnern über 47 Millionen Mark Schulden, was einer Verschuldung von 1.000 Mark pro Kopf entsprach. Die Stadt hielt diese Angaben für übertrieben, kam dem Kreis aber entgegen, um eine jahrelange Verzögerung zu vermeiden.[150] Am 24. November 1921 stimmte der Landkreis grundsätzlich den Eingemeindungen zu.[151] Vereinbart wurde eine Abfindung von 2,7 Millionen Mark, davon 100.000 Mark für Schuldscheine der Baugenossenschaft Pries, 14.625 Mark Rückerstattung für Kriegsbeschädigte und 2,6 Millionen Mark Abfindung für Steuerausfälle. Außerdem trat die Stadt Kiel in verschiedene Verbindlichkeiten des Landkreises ein: Mit einem Anteil von 1:6,5 in ein Darlehen über 4 Millionen Mark an die Baugenossenschaft Eckernförde, mit dem gleichen Anteil in eine Bürgschaft über 1 Million Mark an die Baugenossenschaft Sandkrug und mit einem Anteil in eine Bürgschaft über 1,5 Millionen Mark an die Baugenossenschaft Pries. Dies entsprach einem höheren Anteil als die Stadt eigentlich hätte zahlen müssen.[152]

Die Forderung der Gemeinde nach der Übernahme der Angestellten konnte in fast allen Fällen erfüllt werden, nur einige wenige Personen konnten nicht übernommen werden.[153] Außerdem weigerte sich die Straßenbahngesellschaft[154], eine Linie bis nach Holtenau zu bauen, da die Gesellschaft defizitär arbeitete und kein Kapital für den Bau vorhanden war.[155] Der Fährverkehr zwischen Kiel und Holtenau wurde erweitert, die Mehrkosten mussten allerdings die Einwohner tragen. Ansonsten orientierte sich der Eingemeindungsvertrag, abgesehen von

---

148 Stadtarchiv Kiel, Nr. 33093.
149 Stadtarchiv Kiel, Nr. 33092.
150 Stadtarchiv Kiel, Nr. 33097.
151 Stadtarchiv Kiel, Nr. 32208.
152 Stadtarchiv Kiel, Nr. 33097.
153 Stadtarchiv Kiel, Nr. 32208.
154 Zur Geschichte der Straßenbahn in Kiel vgl. Rosenplänter 2011m.
155 Stadtarchiv Kiel, Nr. 33092.

den fehlenden Steuerprivilegien, an den Eingemeindungen von 1910. Die Gemeinden hatten, wie bereits dargestellt, in der Vergangenheit falsche Angaben zu ihren Finanzen gemacht und damit große Defizite durch die Privilegien verursacht. Trotzdem stimmte die Gemeindevertretung in einer öffentlichen Sitzung am 14. Februar 1922 für die Eingemeindung.[156] Die Stadt nahm die Verträge am 7. Februar 1922 an und der Bezirksausschuss stimmte am 26. April für die Eingemeindung.[157] Nachdem die Eingemeindung von Vossbrook nach Holtenau am 2. September 1922 veröffentlicht wurde[158], konnte die Eingemeindung von Holtenau, Pries und Friedrichsort zum 1. Oktober 1922 vollzogen werden.[159]

5.1.2 Friedrichsort

Der Gutsbezirk Friedrichsort sollte eigentlich, ebenso wie Pries, nicht nach Kiel eingemeindet werden, da aber der Landkreis Eckernförde dies zur Bedingung für die Eingemeindung Holtenaus gemacht hatte, begannen auch Verhandlungen mit Friedrichsort.[160] Ab 1631 gab es eine Festung in der Gemeinde und seit dem Ende des 18. Jahrhunderts wurde das Gebiet als Gut verpachtet.[161] Wie der gesamte Bereich der Kieler Förde wurde auch Friedrichsort maßgeblich durch die Verlegung der Marine nach Kiel beeinflusst. Die Marinebehörden übernahmen das Gut 1866 und bauten zahlreiche neue Gebäude. In den folgenden Jahrzehnten entstanden eine Schule, eine Garnison und Werkstätten, sowie ein Labor für Munitionsfertigung, ein Torpedodepot/ eine Torpedowerkstatt und ein Minendepot. Auf diese Weise stieg die Zahl der Einwohner von ungefähr 100 um 1850 auf 1.500 im Jahr 1900. Durch die Abrüstung nach dem Ersten Weltkrieg wurden diese Einrichtungen innerhalb kurzer Zeit verlassen und die Befestigungen mussten gesprengt werden. Das wirtschaftliche Leben der Gemeinde brach zusammen.

Aufgrund dieser Situation gab es fast keine Schwierigkeiten bei den Eingemeindungsverhandlungen.[162] Da Friedrichsort als Gutsbezirk verwaltet wurde, fragte der Magistrat am 17. Januar 1921 bei der Abteilung Landwirtschaft, Domänen und Forstwirtschaft in Schleswig an, ob es von Seiten der Regierung Einwände gegen eine Eingemeindung gäbe. Dies wurde verneint und es stellte sich sehr schnell heraus, dass es mit den staatlichen Stellen keine schwierigen Verhandlungen geben würde. Friedrichsort hatte weder Schulden noch Vermögen, die Verwaltung wurde bis zur Eingemeindung nicht von den zu diesem Zeitpunkt 1.900 Einwohnern bezahlt, sondern von der Gutsverwaltung. Die Einwohner standen einer Einge-

---

156 Stadtarchiv Kiel, Nr. 33094.
157 Stadtarchiv Kiel, Nr. 33092
158 Stadtarchiv Kiel, Nr. 33093
159 Stadtarchiv Kiel, Nr. 33095
160 Stadtarchiv Kiel, Nr. 33092.
161 Detlefsen 1978, S. 128-146, Rosenplänter 2011c, Spielvogel / Schöneich 1997, Wilde 1995, S. 84-85.
162 Stadtarchiv Kiel, Nr. 33095.

meindung positiv gegenüber und die einzigen Forderungen waren eine Verbindungsstraße mit Kiel und der Erhalt der Garnisonsschule. Diese Schule wurde von 280 Schülern besucht, von denen 140 aus den Gemeinden Laboe, Möltenort, Heikendorf, Holtenau und Pries kamen. Der Erhalt der Schule wurde bis zur Einrichtung einer städtischen Mittelschule garantiert. Gutsvorsteher Heitmann wollte, ebenso wie die Gemeindevorsteher aus Holtenau und Pries, für einige Jahre weiter seine Aufwandsentschädigung beziehen, um den Verlust dieses Postens finanziell ausgleichen zu können. Dieser Forderung konnte die Stadt nicht entsprechen, weil der Status des Gutsvorstehers mit dem eines Gemeindevorstehers nicht vergleichbar war. Aber auch diese Streitfrage stellte die Eingemeindung nicht in Frage.

Ein großer Streitfall entwickelte sich allerdings zwischen der Stadt Kiel und den Deutschen Werken, die in Friedrichsort eine Produktionsstätte unterhielten.[163] Grundsätzlich ging es dabei um die Frage, welche Straßen der Öffentlichkeit zugänglich sein sollten.[164] Über das Werksgelände verliefen zwei Straßen, die gesperrt werden sollten, um die Betriebsabläufe im Werk effizienter gestalten zu können. Als Kompensation wollten die Deutschen Werke die Friedrichsorter Straße ausbauen, damit der Verkehr darüber ausweichen konnte. Dies hätte bedeutet, dass der Verkehr von Kiel nach Friedrichsort um das Werksgelände herum entlang der Küste verlaufen wäre. Diesem Kompromiss stimmten sowohl die Stadt als auch die Werke zu, nachdem zahlreiche Einwohner Friedrichsorts eine Petition dafür unterschrieben hatten. Da der Ausbau der Friedrichsorter Straße jedoch stockte, blieb die Falkensteiner Straße, eine der beiden Straßen durch das Werksgelände, für den Verkehr offen. Die Straßenanbindung war vor allem deshalb ein großer Streitpunkt, weil die Festung in der Zukunft für Wohn- und Industriezwecke zur Verfügung stehen sollte. Das konnte aber nur dann verwirklicht werden, wenn eine gute Verkehrsanbindung vorlag. Dies sollte nicht der einzige Streit zwischen Kiel und den Deutschen Werken bleiben.

Die Domäne, also das Gut, war bis zum Jahr 1924 verpachtet und sollte danach an die Stadt Kiel fallen. Dabei handelte es sich um Land in der Größe von 38 ha, 50 a und 26 m².[165] Der Kaufpreis des Landes Preußens, 274.652 Mark für das Land und 64.000 Mark für die Wirtschaftsgebäude, war der Stadt zu hoch und es wurden verschiedene Gutachten angefertigt. Gutsinspektor Weimar schätzte den Wert des Guts am 15. September 1921 auf 530.552 Mark. Gutsvorsteher Heitmann legte am 4. März 1922 ein Gutachten vor, in dem er auf 381.950 Mark kam und Gemeindevorsteher Pries aus Friedrichsort schätzte das Gelände am 6. März 1922 auf 306.500 Mark. Die unterschiedlichen Preise resultierten aus der unterschiedlichen Bewertung des Baulandes. Im Vergleich der verschiedenen Gutachten scheint ein Preis von deutlich über 300.000 Mark aber unter 500.000 Mark realistisch. Sowohl die Stadt als auch die Deutschen Werke und die Eingenheimgenossenschaft Pries wollten Teile des Guts erwerben. Die Stadt wollte die Umgehungstraße um die Fabrik unter ihre Kontrolle

---

163 Deutsche Werke, vgl. Ostersehlte 2011a.
164 Stadtarchiv Kiel, Nr. 33095.
165 Stadtarchiv Kiel, Nr. 33096.

bringen und auf dem freien Gelände Kleingartensiedlungen errichten. Die Deutschen Werke wollten ebenfalls die Friedrichsorter Straße kontrollieren und die Eigenheimgenossenschaft wollte neues Bauland erwerben. Die Verhandlungen dauerten mehr als ein Jahr und endeten ergebnislos. Da keine der Parteien den Wünschen der anderen entgegen kommen wollte und kein geeignetes Ersatzland zur Verfügung gestellt werden konnte, wurde zum 1. Juli 1924 auf dem Gelände ein Versuchsgut für Milchwirtschaft eingerichtet.

Vorher war es zwischen den Deutschen Werken und der Stadt zu einem weiteren Streit gekommen, denn die Deutschen Werke sahen ihre Interessen bei der Eingemeindung nicht genug gewürdigt. Es solle Steuererleichterungen für das Werk geben, die Stadt müsse die öffentlichen, aber für den öffentlichen Verkehr gesperrten Wege auf dem Werksgelände unterhalten und zudem wäre die Verkehrsanbindung an Kiel nicht ausreichend zugesichert. Der Tenor der Beschwerde, die am 3. Juli 1922 vorgelegt wurde, war, dass der wertvolle Zuwachs an Industrie von der Stadt nicht genug gewürdigt werden würde. Die Stadt wies diese Vorwürfe zurück und darauf hin, dass die Konditionen der Eingemeindung von Anfang an klar gewesen seien und die Deutschen Werke ihre Wünsche nicht in Verhandlungen dargelegt hätten. Außerdem wurde betont, dass die Stadt durch die Eingemeindung von Friedrichsort keine finanziellen Vorteile hätte, deshalb müssten die Werke die Infrastruktur auch finanzieren. Diese Beschwerde hatte aber, im Gegensatz zu einer Initiative der Howaldtswerke in Neumühlen-Dietrichsdorf[166] keine Auswirkung auf die Eingemeindung.[167] Auch das zuständige Ministerium war nicht bereit, auf die Forderungen der Deutschen Werke einzugehen. Die Eingemeindung konnte ebenfalls zum 1. Oktober 1922 vollzogen werden.[168]

5.1.3 Pries

Die Entwicklung von Pries ist eng mit der Geschichte von Friedrichsort verbunden.[169] Bis in das 19. Jahrhundert hinein gehörte die Gemeinde zum Gutsbezirk Friedrichsort, Erst ab 1876 wurde eine eigenständige Gemeinde Pries im Landkreis Eckernförde gebildet. Da die Anzahl der Arbeiter in Friedrichsort in dieser Zeit stark stieg, entwickelte sich auch Pries in diese Richtung. Die neu errichteten Wohngebäude wurden bis 1919 zu einem präurbanen Siedlungsraum verdichtet, sodass Pries 1919 3.800 Einwohner hatte. Die Demontage der Marineanlagen in Friedrichsort prägte auch Pries nach dem Ersten Weltkrieg und führte ebenfalls zu einer schnellen Eingemeindung in die Stadt Kiel.

Im Dezember 1920 beantragte die Gemeindevertretung Eingemeindungsverhandlungen mit Kiel und der Prozess verlief ohne größere Schwierigkeiten.[170] Die Stadt stimmte zu, eine

---

166 Stadtarchiv Kiel, Nr. 33081.
167 Stadtarchiv Kiel, Nr. 33096.
168 Stadtarchiv Kiel, Nr. 33095.
169 Detlefsen 1978, S. 102-127, Rosenplänter 2011k, Wilde 1995, S. 84-85.
170 Stadtarchiv Kiel, Nr. 33097.

Verwaltungsstelle für Pries und Friedrichsort einzurichten. Angestellte und Beamte der Gemeinde wurden fast alle in den städtischen Dienst übernommen und die Stadt garantierte, dass eine Schule vor Ort erhalten bliebe. Lediglich die Verhandlungen mit dem Landkreis Eckernförde verzögerten die Eingemeindung, verhinderten sie aber nicht. Zum 1. Oktober 1922 wurde Pries in die Stadt Kiel eingemeindet.[171]

5.2 Kronsburg

Im April 1919 wurde die Eigenheim-Ansiedlung Kronsburg e.G.m.b.H. gegründet und kaufte zu günstigen Konditionen 70 ha Land in der Gemeinde Wellsee.[172] Es wurden 320 Parzellen für die Rentengutbildung zu je 1.600 m² ausgewiesen und es begann der Bau von Gebäuden. Da 95% der Einwohner aus Kiel stammten, dort arbeiteten und die Gemeinde sowie der Landkreis Bordesholm die Siedlung nicht finanziell unterstützen konnten, stellte die Genossenschaft am 12. Mai 1921 einen Antrag auf Eingemeindung in die Stadt Kiel. Der Magistrat stand dieser Eingemeindung positiv gegenüber, da die Genossenschaft über 200.000 Mark Bankguthaben verfügte, bereits Baumaterial für weitere Gebäude lagerte und ein ergiebiges Kieswerk vor Ort betrieben wurde. Auf diese Weise konnte Kiel mehr Grundsteuern einnehmen und außerdem Siedlungsland hinzugewinnen. Bis zum Jahresende 1921 wurden allerdings keine Verhandlungen zwischen Stadt und Gemeinde aufgenommen. Die Baugenossenschaft musste mehrfach bei den Verhandlungspartnern anfragen und drängen. Erst am 7. Februar 1922 stimmte die Gemeindevertretung Wellsee der Eingemeindung zu und die Verhandlungen mit Kiel begannen im gleichen Monat.

Zunächst lehnte der Magistrat die Forderung nach einer Abfindung ab, da erhöhte Mehrbelastungen befürchtet wurden. Außerdem sollte die Stadt die Hypothek von 960.000 Mark bei der Landesbank für die Genossenschaft vom Landkreis Bordesholm übernehmen. Auch die Straße, die von Kiel nach Kronsburg führte, sollte in die Stadt eingemeindet werden, damit die Instandhaltung in Zukunft nicht mehr vom Landkreis bezahlt werden musste. Dazu sollte ein Teil von Moorsee an Kiel fallen. Durch persönlich Fürsprache beim Landrat erreichte die Eigenheimgenossenschaft, dass die Verhandlungen beschleunigt wurden und am 24. April 1922 stimmte die Stadt schließlich einer Abfindung von 50.000 Mark zu. Auch die anderen Forderungen sollten erfüllt werden. Sowohl Wellsee als auch der Landkreis Bordesholm waren nach eigenen Angaben für die Eingemeindung, Wellsee verzichtete auf die Abfindung und wollte stattdessen die Steuereinnahmen von Kronsburg bis zum 31. März 1924 einziehen. Dieser Regelung stimmte die Stadt im Dezember 1922 zu.

Die Eingemeindung verzögerte sich allerdings aufgrund der wirtschaftlichen und politischen Entwicklung im Jahr 1923. Obwohl der Kreis der notwendigen Eingemeindung der

---

171 Zur Verzögerung der Verhandlungen vgl. Kap. 5.1.1.
172 Rosenplänter 2011h, Stadtarchiv Kiel, Nr. 33100.

Straße auf dem Gebiet von Moorsee bereits am 18. Mai 1923 zustimmte, trat der Vertrag erst im Dezember 1923 in Kraft. Veröffentlicht wurde die Eingemeindung am 5. Dezember 1923. Das Datum der Eingemeindung wurde allerdings erst im Februar 1924 rückwirkend auf den 25. Dezember 1923 festgelegt.

5.3 Neumühlen-Dietrichsdorf

Zeitgleich zu den Eingemeindungsverhandlungen mit Holtenau, Pries und Friedrichsort begannen auch die Gespräche mit Neumühlen-Dietrichsdorf.[173] Die Ziele der Eingemeindung waren vor allem die Kontrolle beider Ufer der Schwentinemündung und der Zugriff auf die Gewerbesteuereinnahmen der Howaldtswerke.[174] Außerdem hatte die Gemeinde keine Kriegsschulden, sodass davon ausgegangen wurde, dass eine Eingemeindung keine größeren finanziellen Schwierigkeiten mit sich bringen würde.[175] Die Forderungen der Gemeinde betrafen den Ausbau der öffentlichen Anstalten (Müllabfuhr etc.), Einrichtung von Hilfs- und Förderklassen in den Schulen, Ausbau der Straßen, einzelne Bauprojekte (Sportplatz, Leichenhalle) und Privilegien bei Steuern und Gebühren. Der Hauptgrund für die Aufnahme von Verhandlungen von Seiten Neumühlen-Dietrichsdorfs war die Tatsache, dass die Finanzen der Gemeinde zwar oberflächlich in Ordnung waren, aber in naher Zukunft einige Leistungen für die Einwohner nicht mehr finanzierbar gewesen wären. Vor allem deshalb, weil die Gemeinde bereits 2,4 Millionen Mark Schulden hatte.

Zusätzlich mussten zahlreiche neue Wohnungen errichtet werden. 304 Familien befanden sich 1921 auf Wohnungssuche und die Gemeinde hatte bereits eine Bürgschaft von 1,4 Millionen Mark für die Baugenossenschaft übernommen. Ein weiteres geplantes Projekt war die Übernahme des Depots der Marine, das durch die Reduzierung der Flotte nicht mehr genutzt wurde, aber weiterhin der Reichsregierung gehörte. Kiel und Neumühlen-Dietrichsdorf einigten sich darauf, dass die Stadt versuchen würde, das Gelände vom Reich zu erwerben und dort ein Industriegebiet zu errichten. Im weiteren Verlauf der Verhandlungen wurden die Forderungen der Gemeinde nach Steuerprivilegien weitgehend abgelehnt, da es gerade die Steuereinnahmen waren, durch die eine Eingemeindung für die Stadt lohnenswert war. Gemeindevertreter wiesen zwar darauf hin, dass auch 1910 zahlreiche Privilegien vergeben worden waren, aber Oberbürgermeister Dr. Lueken[176] stellte fest, dass die Situation nicht vergleichbar sei. Eine Einigung wurde dadurch erzielt, dass kleinere Betriebe Privilegien erhalten sollten,

---

173 Zur Geschichte von Neumühlen-Dietrichsdorf vgl. Scherreiks 2011a und Scherreiks 2011c.
174 Howaldtsche-Metallgießerei, vgl. Scherreiks 2011d, Geschichte der Howaldtswerke vgl. Ostersehlte 2011c.
175 Stadtarchiv Kiel, Nr. 33081.
176 Emil Heinrich Wilhelm Lueken (1879-1961), Oberbürgermeister von 1920-1933 (vgl. Geckeler 2011c).

die großen Betriebe aber nicht.[177] Außerdem wurde der Preis für Gas und Strom für zehn Jahre unter dem Preisniveau von Kiel fixiert, die Stadt wollte verschiedene Bauprojekte durchführen und die Angestellten der Gemeinde übernehmen.

Acht Gemeindevertreter stimmten für den Vertrag, vier dagegen und zwei enthielten sich. Nachdem die Abstimmung und der Vertrag bekannt geworden waren, protestierten zwischen 700 und 800 Personen gegen die Eingemeindung.[178] Die Bestimmungen des Vertrages wurden als unzureichend zurückgewiesen, da die Gemeinde zu wenige Privilegien erhalten hätte. Von den Protestierenden wurde eine Urabstimmung gefordert, da die Mehrheit der Einwohner gegen die Eingemeindung wäre. Der Protest wurde nicht nur bei einer Demonstration artikuliert, sondern auch dem Kreisvertreter, Regierungsrat von Mohl, und dem Innenministerium von einigen Einwohnern vorgetragen. Der Magistrat reagierte auf die Proteste, indem durch verschiedene Zeitungsartikel die öffentliche Meinung in Neumühlen-Dietrichsdorf beeinflusst wurde. Dabei sollte die finanzielle Lage der Gemeinde als schlecht dargestellt und eine Steuererhöhung in Aussicht gestellt werden, sofern die Eingemeindung nicht stattfinden würde. Außerdem wurde der Vertrag abgeändert und die Stadt stimmte zu, ein Bauvorhaben der Eigenheimgenossenschaft Neumühlen-Dietrichsdorfs finanziell zu unterstützen. Auch die Bautätigkeit der Baugenossenschaft sollte durch ein Darlehen belebt werden.

Der neue Vertrag wurde vorgelegt, es hatte sich allerdings eine breite Oppositionsbewegung formiert. Sowohl bürgerliche als auch sozialdemokratische und kommunistische Gemeindevertreter waren nun gegen eine Eingemeindung und auch Vertreter der Howaldtswerke formulierten ihre Abneigung. Um die Ablehnung der Gemeindevertreter und der Bevölkerung sicherzustellen, versprach die Leitung der Howaldtswerke, Geld für den Bau von neuen Wohnungen zur Verfügung zu stellen und so das Wohnungsproblem zu lösen. Im Februar 1922 schließlich lehnte die Gemeindevertretung weitere Verhandlungen mit der Stadt Kiel ab.

Bereits am 1. März 1923 bat die Gemeindevertretung allerdings um die Wiederaufnahme der Verhandlungen, Kiel stimmte dieser Anfrage am 5. März zu.[179] Hauptgrund für die erneuten Verhandlungen war die Krise des Jahres 1923, die auch Neumühlen-Dietrichsdorf schwer getroffen hatte. Als der Vertrag vorlag, im Wesentlichen enthielt er dieselben Bestimmungen wie bei den ersten Verhandlungen, nur dass diesmal keine Steuerprivilegien gewährt wurden, sollte eine öffentliche Versammlung stattfinden, um die Stimmung in der Bevölkerung festzustellen. Der Kreistag Bordesholm missbilligte das Vorgehen der Gemeinde und wollte auf jeden Fall eine Volksabstimmung, um die Eingemeindung zu verhindern. Die Versammlung wurde am 4. Juli 1923 einberufen und dort wurde vor allem der stellvertretende Gemeindevorsteher Zils scharf angegriffen. Von Seiten der Kommunisten wurde Zils vorgeworfen, dass er die schlechte Lage der Gemeinde nicht früher öffentlich bekannt gegeben hatte. Die durchgeführte Abstimmung, die keinen bindenden Charakter hatte, ergab, dass etwa 1/3 der Ver-

---

177 Stadtarchiv Kiel, Nr. 33081.
178 Kieler Neueste Nachrichten vom 27. Juni 1921.
179 Stadtarchiv Kiel, Nr. 33082.

sammlung für eine Eingemeindung und die Hälfte dagegen war. Dennoch stellte der Vorsitzende fest, dass die Versammlung dafür gestimmt habe, was Protestrufe zur Folge hatte. Am 6. Juli stimmte die Gemeindevertretung für die Eingemeindung nach Kiel, ein Protestbrief des Landrats blieb unbeantwortet.

Einer der Gründe für die schlechte Lage der Gemeinde war auf das Verhalten der Verantwortlichen der Howaldtswerke zurückzuführen. 1922 hatte die Firma die Zahlung von zwei Raten zu 1,5 Millionen Mark für den Bau neuer Wohnungen zugesagt. Zum Zeitpunkt der zweiten Rate war diese Summe allerdings aufgrund der Inflation kaum ausreichend, um Farbe für die Häuser zu kaufen. Als die Gemeindevertretung der Eingemeindung zustimmte, hatten die Howaldtswerke Anspruch auf Rückzahlung der Summe, da eine Bedingung des Vertrages die Nichteingemeindung war. Allerdings wurde nicht der Wert gefordert, den die zweite Rate zum Zeitpunkt der Zahlung hatte, sondern der Wert der Rate vor dem Beginn der Hyperinflation. Zusammen mit der ersten Rate insgesamt 500 Millionen Mark. Diese Forderung wurde nicht lange aufrecht erhalten, empörte aber die Bevölkerung der Gemeinde. Letztlich forderten die Howaldtswerke 10.970,19 Goldmark nach dem jeweils gültigen Tageskurs zum Dollar.[180] Diese Forderung wiesen die Gemeinde und die Stadt zurück, da der Vertrag nach Ansicht des Magistrats sittenwidrig gewesen sei und somit kein Anrecht auf Rückzahlung des Geldes bestehen würde. Der Streit konnte erst am 8. November 1924 durch einen Vergleich beigelegt werden. Die Stadt zahlte 5.485,09 Goldmark und die Howaldtswerke verzichteten auf ihre Ansprüche an den neu errichteten Wohnungen.

Ein größeres Problem als die Forderungen der Howaldtswerke stellte der Widerstand des Kreises Bordesholm dar.[181] Zwar erklärte sich Regierungsrat von Mohl bereit, eine finanzielle Entschädigung für die Eingemeindung zu akzeptieren, die Kreisinstanzen waren seiner Überzeugung nach aber schwerer umzustimmen. Die Zeit drängte allerdings, da der Kreis vor den Wahlen im September 1923 entscheiden sollte. Das Problem für die Stadt war, dass die Mehrheit der Einwohner von Neumühlen-Dietrichsdorf gegen die Eingemeindung war und die neu gewählte Gemeindevertretung möglicherweise von dem Vertrag wieder zurücktreten würde. Um dies zu verhindern, sollte die Eingemeindung vor den Wahlen durchgeführt werden. Dazu mussten aber die Kreisinstanzen zustimmen. Eine wichtige Forderung des Kreises war die Übernahme der Kosten für neue Wohnungen, die nach dem Scheitern der ersten Verhandlungen errichtet worden waren.[182] Zusammen mit der geforderten Entschädigung für den Ausfall von Steuereinnahmen wurde geschätzt, dass Kiel eine Anleihe von ungefähr 44.000 Goldmark aufnehmen müsste, um die Forderungen des Kreises zu erfüllen.

Aufgrund der instabilen politischen Lage im Deutschen Reich verzögerten sich die Wahlen bis zum Mai 1924. Zu diesem Zeitpunkt hatten der Kreis und der Provinzialausschuss

---

180 Stadtarchiv Kiel, Nr. 33102.
181 Stadtarchiv Kiel, Nr. 33082.
182 Stadtarchiv Kiel, Nr. 33519.

ihren Widerstand gegen die Eingemeindung eingestellt.[183] Die neue Gemeindevertretung bestand aus fünf bürgerlichen Abgeordneten, vier Sozialdemokraten und drei Kommunisten, wobei Kommunisten und Bürgerliche gegen die Eingemeindung waren. Am 19. Mai 1924 kam es zur entscheidenden Sitzung der Gemeindevertretung und der Gemeindevorsteher wurde aufgefordert, das Eingemeindungsgesetz, das bereits dem Innenministerium vorlag, zurückzuziehen. Dennoch stimmte der Landtag am 30. Mai 1924 für die Eingemeindung. Dies wurde rückwirkend zum 1. Mai 1924 beschlossen.[184]

Der Kreis hatte schließlich seine grundsätzliche Blockade aufgegeben, aber der Streit mit der Stadt Kiel war noch nicht beigelegt. Die Stadt hatte zugestimmt 1/6 der Schulden des Kreises zu übernehmen, doch wie hoch diese Summe genau war, war nicht festgelegt worden. Hierbei stellte vor allem die Inflation der Jahre 1922 und 1923 ein großes Problem dar. Die genaue Summe musste tagesaktuell auf den Roggenpreis und anschließend in Goldmark umgerechnet werden. Letztlich einigten sich Stadt und Landkreis auf die Zahlung von 10.000 Goldmark für die Wohnungen und 40.000 Goldmark für die Kreisschulden. Ein weiterer Streitpunkt war die Übernahme des Versorgungsheims Neumühlen-Dietrichsdorf. Dieser Streit konnte erst 1928 beigelegt werden, da nicht klar war, wann das Versorgungsheim zum Landkreis und anschließend zur Stadt gehört hatte. Der Tag der Übernahme war aber insofern wichtig, als dass die Zahlungen an die Angestellten koordiniert werden mussten.[185] Als Lösung wurde festgesetzt, dass das Heim ab April 1924 zum Kreis und ab Mai desselben Jahres zur Stadt gehört hatte.[186]

Nicht nur mit dem Kreis gab es in der Folge Streit, auch Einwohner von Neumühlen-Dietrichsdorf erhoben Vorwürfe gegen die Stadt.[187] Der Stadtverordnete Rix, die Herren Gartz und Jarchow von der Eigenheimgenossenschaft e.G.m.b.H. Neumühlen-Dietrichsdorf sowie der Vorstand des Arbeiterbauvereins für Dietrichsdorf u. Umg. e.G.m.b.H. reichten am 18. Mai 1926 beim Magistrat und dem Innenministerium Beschwerde ein. Der Vorwurf lautete, dass Kiel das im Eingemeindungsvertrag festgesetzte Bauprogramm nicht eingehalten habe. Statt im Jahr 1925 31 Gebäude zu errichten, wurden nur 11 stadteigene und 12 genossenschaftliche Bauten fertig gestellt. Auch seien die Mieten zu hoch und die Stadt würde keine günstigen Kredite an die Genossenschaften in Neumühlen-Dietrichsdorf vergeben.

Sowohl die Grundstückskommission als auch das Städtische Hochbau- und Siedlungsamt widersprachen dieser Darstellung und wiesen darauf hin, dass die Bautätigkeit mit Vertretern vor Ort abgesprochen worden war. Außerdem hatte der Arbeiterbauverein erklärt, keine weiteren Wohnungen zu errichten und deshalb auch keine günstigen Kredite erhalten. Die Wohnungsnot, die noch 1922 akut war, hatte sich in den folgenden Jahren vor allem in Kiel zuge-

---

[183] Stadtarchiv Kiel, Nr. 33082.
[184] Stadtarchiv Kiel, Nr. 33102.
[185] Stadtarchiv Kiel, Nr. 48361.
[186] Stadtarchiv Kiel, Nr. 33102.
[187] Stadtarchiv Kiel, Nr. 33082.

spitzt (3.500 Wohnungssuchende). Da Neumühlen-Dietrichsdorf ein Weichbild am äußersten Rand der Stadt war, hatte der Bau neuer Wohnungen dort keine Priorität. Die Beschwerde wurde vom Innenministerium nicht weiter behandelt und im März 1927 unbeantwortet zu den Akten gelegt.

5.4 Elmschenhagen

Die Gemeinde Elmschenhagen ist die einzige Gemeinde, die während der nationalsozialistischen Herrschaft in die Stadt Kiel eingemeindet wurde.[188] Elmschenhagen hatte sich bis in das 19. Jahrhundert hinein kaum entwickelt. Erst der Ausbau der Preetzer Chaussee 1844 und der Bau der Bahnlinie Kiel – Ascheberg führte zu einem Aufschwung.[189] Vor allem die Errichtung des Bahnhofs vor Ort band die Gemeinde stärker an Kiel. Bis 1903 war ein Großteil der dörflichen Gebäude verschwunden und einer vorstädtischen Bebauung gewichen. Nachdem um 1840 noch 300 Einwohner in Elmschenhagen gelebt hatten, waren es zu Beginn des 20. Jahrhunderts bereits über 1.000. Zwischen 1920 und 1925 wurde das Villenviertel Kroog angelegt und 1921 erhielt die Gemeinde ein Rathaus. Insgesamt hatte sich bis zu den ersten Eingemeindungsverhandlungen eine Vorstadtsiedlung herausgebildet.

1928 hatte Elmschenhagen bereits 4.000 Einwohner und wurde als reine Wohnsitzgemeinde angesehen, da zahlreiche Arbeitnehmer in Kiel tätig waren.[190] Der erste Versuch der Eingemeindung wurde von Kiel im Mai 1927 initiiert, als Gemeindevorsteher Riecken suspendiert wurde.[191] Die Vakanz sollte ausgenutzt werden, um die Eingemeindung vor der Wahl eines neuen Gemeindevorstehers zu vollziehen. Dieser Plan scheiterte, da der kommissarische Gemeindevorsteher Lauritzen sehr schnell offiziell gewählt wurde. Die Stadt wollte deshalb warten, bis die Gemeinde selber einen Antrag auf Eingemeindung stellen würde. Diese Verhandlungen begannen im April 1928.[192] Die grundlegenden Forderungen der Gemeinde waren ein Straßenbahnanschluss, Straßenbeleuchtung und -ausbau, die Finanzierung des Schulneubaus, Steuerprivilegien sowie die flächendeckende Versorgung mit Gas, Wasser und Strom. Wichtigste Forderung Elmschenhagens war die Einrichtung einer großen Verwaltungsstelle. Die Bevölkerung der Gemeinde war einer Eingemeindung nicht abgeneigt, lediglich die Gewerbetreibenden fürchteten, in Zukunft keine öffentlichen Aufträge aus Plön mehr zu erhalten. Der Landkreis Plön selber sah keine grundsätzlichen Bedenken gegen die Eingemeindung Elmschenhagens.

---

188 Wulf 1991c, S. 360-361.
189 Rosenplänter 2011b, Wilde 1995, S. 92-93.
190 Stadtarchiv Kiel, Nr. 32883.
191 Stadtarchiv Kiel, Nr. 33089.
192 Stadtarchiv Kiel, Nr. 32883.

So verwundert es, dass die Verhandlungen zwischen dem 12. Juni und dem 4. Oktober 1928 ruhten. Gemeindevorsteher Lauritzen erklärte auf Nachfrage, dass er bis zur Neuwahl der Gemeindevertretung warten wollte, um das Votum der Einwohner zu berücksichtigen. An der grundsätzlichen Zustimmung der Bewohner zweifelte er aber nicht. Die Verhandlungen wurden im Winter 1928/29 fortgeführt, wobei in einem Schreiben des Magistrats vom 22. Januar 1929 deutlich wird, dass Gemeindevorsteher Lauritzen vor allem seine eigene Position verbessern wollte. Er forderte eine Übernahme in den städtischen Dienst und den Kauf seines Hauses durch die Stadt. Auch die Ansprüche der Gemeinde bewegten sich außerhalb des üblichen Rahmens. Vor allem die Tatsache, dass Elmschenhagen keinerlei Entwicklungsmöglichkeiten bot und wegen der vielen in Kiel arbeitenden Einwohner eingemeindet werden sollte, schwächte die Verhandlungsposition der Gemeinde. Dennoch konnten die Verhandlungen am 21. April 1929 abgeschlossen werden. Stadt, Landkreis, Bezirk und Landesregierung hatten bereits zugestimmt und es fehlten nur die Beschlüsse der Gemeinde und des Landtages. Dennoch herrschten bei einigen Mitgliedern der städtischen Eingemeindungskommission und des Magistrats starke Bedenken aufgrund der gewährten Privilegien vor. Die endgültige Zustimmung der Stadt erfolgte am 12. November 1929, nachdem die Gemeindevertretung bereits am 30. Oktober zugestimmt hatte.

Infolge der Weltwirtschaftskrise verzögerte sich die Eingemeindung. Auch die Verhandlungen mit Kronshagen über eine Eingemeindung wurden dadurch in Mitleidenschaft gezogen. Am 21. August 1930 gab Oberbürgermeister Lueken bekannt, dass sowohl der Regierungspräsident als auch die Regierungsvertreter in Berlin aufgrund der politischen Situation gegen die Eingemeindung waren. Daraufhin trat die Gemeinde im September vom Vertrag zurück. Acht Jahre später, 1938, ergab sich die erneute Möglichkeit, Elmschenhagen nach Kiel einzugemeinden.[193] Das Oberkommando der Marine (OKM) erklärte am 9. August 1938, dass die Eingemeindung von Elmschenhagen dringlich sei. Geplant war, in den folgenden Jahren zahlreiche Truppenübungsplätze, Flugplätze und weitere Einrichtungen der Wehrmacht in Kiel zu errichten und verschiedene Truppenteile in der Stadt und der Umgebung zu stationieren. Um diese gesteigerte militärische Präsenz effektiv verwalten zu können, sollte das Umland der Stadt in ein „Groß-Kiel" eingemeindet werden. Oberbürgermeister Behrens[194] sah dafür insgesamt 17 Gemeinden vor, die meisten davon aus dem Landkreis Plön.

Dabei sollten nicht, wie vor 1933 üblich, Verträge zwischen Stadt, Gemeinden und Landkreisen geschlossen, sondern die Bestimmungen der Eingemeindungen direkt zwischen dem Oberbürgermeister und dem jeweiligen Landrat abgesprochen werden.[195] Das Vorgehen entsprach dem reichsweit eingeführten Führerprinzip. Da die Organisationsstruktur der NSDAP an den politischen Gemeinden orientiert war, sollten zusätzlich die örtlichen Parteileiter einbezogen werden. Auch der Erhalt der örtlichen Eigenheiten sollte durch die NSDAP

---

193 Stadtarchiv Kiel, Nr. 33677.
194 Walter Ernst Hartwig Behrens (1889-1977), Oberbürgermeister von 1933-1945 (vgl. Lehmann 2011).
195 Stadtarchiv Kiel, Nr. 33677.

übernommen werden. Damit sollte die Furcht der Einwohner abgemildert werden, als Teil einer Großstadt keinen örtlichen Zusammenhalt mehr zu haben.

Da der Landbedarf der Stadt nicht abschließend geklärt war, lehnten die Landräte der Kreise Rendsburg und Eckernförde Verhandlungen ab. Die Eingemeindung Elmschenhagens wurde als dringlich eingestuft, deshalb sollte diese zunächst einzeln durchgeführt werden. Der Oberpräsident der Provinz Schleswig-Holstein, Hinrich Lohse[196], bestimmte am 22. Dezember 1938, dass ab dem 1. April 1939 das Ortsstatut der Stadt Kiel in Elmschenhagen gültig werden würde.[197] Die Steuern in der Gemeinde sollten innerhalb von drei Jahren an die der Stadt angepasst werden. Durch das preußische Staatsministerium erfolgte am 17. Februar die Neuregelung der Kreisgrenzen. Kiel stimmte in den Verhandlungen mit Landrat Werther zu, eine Buslinie nach Elmschenhagen einzurichten, nachdem eine Straßenbahnanbindung als zu teuer abgelehnt worden war. Allerdings fanden die Verhandlungen statt, während die preußische Regierung bereits alle nötigen Schritte zur Eingemeindung unternommen hatte. Dadurch hatten weder die Gemeinde noch der Landkreis Plön die Möglichkeit, gegenüber der Stadt große Vorteile zu erwirken.[198]

Elmschenhagen hatte zum Zeitpunkt der Eingemeindung 6.300 Einwohner und wurde in der Folgezeit stark ausgebaut.[199] Durch die Ausweisung neuer Wohngebiet wuchs die Gemeinde flächenmäßig um das Doppelte. Allerdings verzögerte oder beendete der Zweite Weltkrieg zahlreiche Bauprojekte. Außerdem wurden bei den Bombenangriffen auf Kiel viele neue Gebäude wieder zerstört.

---

196 Hinrich Lohse (1896-1964), Oberpräsident Schleswig-Holsteins von 1933-1945 (vgl. Hübner 2011).
197 Stadtarchiv Kiel, Nr. 33677.
198 Zur Rolle von Hinrich Lohse als Gauleiter und Oberpräsident von Schleswig-Holstein vgl. das Doppelsystem von Staat und Partei im Nationalsozialismus (Fraenkel 1974).
199 Wilde 1995, S. 93.

6 Eingemeindungen nach dem Zweiten Weltkrieg

Elmschenhagen blieb die einzige Gemeinde, die während der Herrschaft der Nationalsozialisten in Kiel eingemeindet wurde, der Ausbruch des Zweiten Weltkriegs und der anschließende Zusammenbruch des Deutschen Reiches verhinderten weitere Vorstöße in dieser Richtung. Aber bereits 1948, nach der Wahl von Andreas Gayk zum Oberbürgermeister[200], wurden erste Gespräche mit der Gemeinde Schilksee geführt.[201] Dies brachte zwar keinen Erfolg, aber es zeigte sich, dass vor allem die große Anzahl von Flüchtlingen in der Stadt und im Umland ein wichtiges Argument bei den Eingemeindungsverhandlungen der Folgezeit war.[202] 1955 stellte die Stadt Kiel fest, dass 18 Gemeinden aus dem Umland eingemeindet werden müssten, wenn das Wachstum der Stadt in der bisherigen Schnelligkeit weiter voranschreiten würde.[203] Allerdings waren weder die Vertreter des Kreises Rendsburg noch des Kreises Plön von diesen Plänen überzeugt.[204] Wie bereits dargestellt, war in der Bundesrepublik Deutschland die Tendenz erkennbar, dass Landgemeinden gegenüber Stadtgemeinden bevorzugt wurden.[205] Dies stand im Gegensatz zu der Situation vor dem Zweiten Weltkrieg und wirkte sich erheblich auf die Eingemeindungsverhandlungen der Nachkriegszeit aus.[206] Die Gemeinde- und Kreisvertreter, aber vor allem auch die Bevölkerung, standen Eingemeindungen sehr skeptisch gegenüber. Auch die ablehnende Haltung der Landesregierung prägte die Verhandlungen stark.[207]

Im folgenden Kapitel werden die drei Eingemeindungen der 1950er und 1960er Jahre dargestellt. 1952 erschien ein Gutachten über die Raumplanung der Stadt Kiel, dem der Magistrat bei den folgenden Eingemeindungsverhandlungen im Wesentlichen folgte.[208] Die Eingemeindungen von 1970 stellen allerdings einen Sonderfall dar und werden in einem eigenen Kapitel betrachtet.[209]

---

200 Geckeler 2011, vgl. auch Jensen 1974.
201 Stadtarchiv Kiel, Nr. 36219.
202 Zur Geschichte der Stadt nach dem Zweiten Weltkrieg vgl. Grieser 1991.
203 Stadtarchiv Kiel, Nr. 36216.
204 Vgl. auch Stadtarchiv Kiel, Nr. 36210.
205 Vgl. auch Kap. 2.4.
206 Stadtarchiv Kiel, Nr. 36216.
207 Stadtarchiv Kiel, Nr. 36290.
208 Loschelder / Storck / Mäding 1952.
209 Vgl. Kap. 7.

6.1 Suchsdorf

Die Entwicklung der Gemeinde Suchsdorf war entscheidend durch die Verkehrswege von Kiel aus in Richtung Eckernförde geprägt.[210] Zunächst wurde die Eckernförder Landstraße 1844-1846 zur Chaussee ausgebaut. Die erste Eisenbahnstrecke, die 1881 den Betrieb aufnahm, verlief noch an Suchsdorf vorbei, aber mit dem Bau des Nord-Ostsee-Kanals 1894 wurde die Bahnlinie über die Hochbrücke Levensau[211] verlegt und ein Halt an der Brücke eingerichtet. Der Bau des Bahnhofs Suchsdorf folgte 1911.

Bereits 1906 kam es zu ersten Eingemeindungsverhandlungen[212], die aber nicht zu einem Abschluss kamen. Allerdings wurde im Rahmen der Eingemeindungen von 1910 die Zahlung von 120.000 Mark für die zukünftige Eingemeindung Suchsdorfs und Kronshagens sowie die erfolgte Eingemeindung von Hasseldieksdamm vereinbart.[213] Auf ein Schreiben der Stadt vom 8. Juni 1921[214], das die Stadt Kiel an verschiedene Umlandgemeinden verschickt hatte, antwortete die Gemeindevertretung Suchsdorf, dass grundsätzlich keine Bedenken gegenüber einer Eingemeindung bestanden. Die in der Folgezeit gestarteten Verhandlungen wurden im Herbst 1922 eingestellt, nachdem Gemeindevorsteher Schmidt wegen Unterschlagung aus seinem Amt entlassen worden war und bekannt wurde, dass die Gemeinde große Schulden hatte. Die Krise von 1923 beendete weitere Verhandlungen. Der dritte Vorstoß zur Eingemeindung Suchsdorfs wurde 1928 begonnen, aber auch in diesem Fall führten die Verhandlungen nicht zu einem Erfolg.[215] Hier scheint die Weltwirtschaftskrise von 1929 und die anschließende politische Krise des Deutschen Reichs ursächlich für das Scheitern der Verhandlungen gewesen zu sein.[216]

Da nach einem Luftangriff im Jahr 1944 ungefähr 75% des Baubestandes zerstört oder beschädigt worden waren, mussten nach dem Zweiten Weltkrieg neue Wohngebäude errichtet werden. Die Gesellschaft ‚Neue Heimat'[217] wollte in Suchsdorf 104 Einfamilienhäuser neu errichten, davon den größten Teil als Doppelwohnhäuser.[218] Diese neuen Gebäude benötigten Strom und Wasser aus Kiel, da die Gemeinde selber nicht in der Lage gewesen wäre, die Versorgung sicherzustellen. Deshalb bildeten die Pläne der 'Neuen Heimat' den Grundstock für die Eingemeindungsverhandlungen der 1950er Jahre. Für die Stadt ergaben sich allerdings Probleme, die mit der Stärkung der Landgemeinden in direktem Zusammenhang standen.[219]

---

210 Dall'Asta 1993, S. 220-225, Rothert 2011b, Wilde 1995, S. 105.
211 Jensen 2011.
212 Stadtarchiv Kiel, Nr. 33088.
213 Stadtarchiv Kiel, Nr. 37325.
214 Stadtarchiv Kiel, Nr. 33088.
215 Wilde 1995, S. 105.
216 Stadtarchiv Kiel, Nr. 216.
217 Zur geschichte der ‚Neue Heimat' vgl. Kramper 2008.
218 Stadtarchiv Kiel, Nr. 52538.
219 Stadtarchiv Kiel, Nr. 36216.

Durch den Gemeindesteuerausgleich hatten sich die Finanzen der Gemeinden gegenüber den Städten deutlich verbessert. Die Stadt hatte deshalb auf dem Gebiet der Finanzen keinen Vorteil mehr zu bieten. Außerdem wurde in den Verhandlungen mit Suchsdorf deutlich, dass die Gemeindevertreter bewusst distanziert gegenüber einer Eingemeindung auftraten, um die eigene Verhandlungsposition weiter zu stärken.[220] Da die Stadt gleichzeitig bemüht war, die Eingemeindung auf freiwilliger Basis durchzuführen und keine Zwangsmittel zu nutzen. Eine Eingemeindung per Gesetz war aufgrund der Haltung der Landesregierung unwahrscheinlich. Deshalb wurde vor allem versucht, die Bewohner Suchsdorfs von den Vorteilen einer Eingemeindung zu überzeugen. Am 19. Dezember 1955 lehnte die Gemeindevertretung die Eingemeindung zunächst ab[221], obwohl klar war, dass der Landkreis Rendsburg das Bauvorhaben der 'Neuen Heimat' weder unterstützen konnte noch wollte.[222]

Die Entscheidungsträger des Landkreises, vor allem Landrat Carl Jacobsen und Kreisvorsitzender Struve, lehnten die Eingemeindung ebenfalls ab. Obwohl teilweise mit scharfer Kritik auf die Pläne der Stadt reagiert wurde, kam es zu verschiedenen Aussprachen und Verhandlungen im Dezember 1956 und im Frühjahr 1957. Dabei wurde zunächst darüber diskutiert, ob überhaupt Eingemeindungen notwendig waren oder nicht. Der Kieler Oberbürgermeister Dr. Hans Müthling[223] konnte erfolgreich darauf hinweisen, dass die Stadt ohne die Eingemeindung keine weiteren Investitionen in Suchsdorf vornehmen würde und somit das gesamte Projekt der Neuen Heimat gefährdet sei.[224] Obwohl dieser Punkt Landrat Jacobsen überzeugte, konnte er weder den Kreistag noch den Kreisausschuss dazu bringen, über die Eingemeindung abzustimmen. Stattdessen wurde eine Entscheidung vertagt, bis ein Gutachten des Innenministeriums vorlag, in dem die Frage nach der Notwendigkeit einer Eingemeindung abschließend geklärt werden sollte.

Im Sommer 1957 traten die Verhandlungen in die entscheidende Phase, nachdem die Gemeindevertretung dem Vertrag mit der Stadt im Juni zugestimmt hatte. Die wichtigsten Forderungen der Gemeinde waren ein Ortsbeirat und die Sicherstellung der Strom- und Wasserversorgung, ohne dass die Einwohner Suchsdorfs die Kosten für den Bau der Wasserleitungen tragen mussten.[225] Der Vorsitzende des Ortsbeirats erhielt dabei eine Entschädigung von 269 DM pro Monat und die Stadtwerke mussten 150.000 DM für den Wasseranschluss tragen. Die Entscheidung der Gemeinde setzte den Kreis unter Druck, nun ebenfalls eine Entscheidung zu treffen, denn das Votum der Gemeinde konnte nicht ignoriert werden.[226] Deshalb forderte der Kreis am 22. Juni 1957 eine angemessene Entschädigung für die Gemeinde,

---

220 Stadtarchiv Kiel, Nr. 36290.
221 Stadtarchiv Kiel, Nr. 52538.
222 Stadtarchiv Kiel, Nr. 36216.
223 Hans Müthling (1901-1976), Oberbürgermeister von 1955-1965 (vgl. Erlenbusch 2011b).
224 Stadtarchiv Kiel, Nr. 36216.
225 Stadtarchiv Kiel, Nr. 36228.
226 Stadtarchiv Kiel, Nr. 36216.

den Beitritt der Stadt zu einer Arbeitsgemeinschaft für den Kieler Raum und den Verzicht auf weitere Eingemeindungen. Kiel stimmte der Zahlung einer Entschädigung zu, lehnte die beiden anderen Forderungen aber ab.

Am 19. Juli 1957 sah der Kreis zunächst eine Entschädigung in Höhe von 450.000 DM als angemessen an, doch die Stadt bot am 14. August nur 392.000 DM. Dabei wurden entfallende Fürsorgelasten und Berufsschulbeiträge heraus gerechnet. Dies lehnte der Kreis am 17. August ab und forderte, dass zunächst ein Vertrag zwischen Stadt und Kreis ausgearbeitet werden müsste, bevor über die Höhe der Entschädigung verhandelt werden könnte. Bis zum Oktober 1957 wurde weiter beraten, worauf sich beide Parteien auf Ratenzahlungen von 39.000 DM über zehn Jahre einigten. Die Raten wurden einer Sofortzahlung vorgezogen, da noch Zinsen anfielen.[227] Dadurch sollte sich die Gesamtsumme der Zahlungen von 303.000 auf 241.000 reduzieren. Dieser Regelung stimmte der Kreisausschuss am 14. Oktober und der Kreistag am 26. Oktober zu.[228] Die Stadt hatte es in den Verhandlungen geschafft, den meisten Forderungen des Kreises auszuweichen. Vor allem der Verzicht auf weitere Eingemeindungen war für den Magistrat eine unannehmbare Forderung. Außerdem war es gelungen, die Gemeindevertretung und den Kreistag gegeneinander auszuspielen, indem durch die Entscheidung der Gemeindevertreter der Kreistag unter Zeitdruck gesetzt werden konnte. Dies wurde auch im Fall der Eingemeindung Mettenhofs wieder versucht, scheiterte dort aber.[229] Nachdem die Landesregierung der Eingemeindung Suchsdorfs im März 1958 zugestimmt hatte, konnte diese zum 1. April 1958 vollzogen werden.[230] Damit vergrößerte sich das Stadtgebiet um 8 km² und es kamen 1.757 Einwohner zur Bevölkerung der Stadt Kiel hinzu.[231]

6.2 Schilksee

Das abgelegene Dorf Schilksee, das bis zur Eingemeindung zum Kreis Eckernförde gehörte, war im 19. Jahrhundert ein kleines Dorf mit weniger als 300 Einwohnern.[232] Erst durch die Errichtung eines Torpedoschießstandes 1901 kam Schilksee in den Einflussbereich der Marine. Am Strand der Gemeinde wurden einige Villen sowie Restaurants und Hotels errichtet und es entstand somit „Bad Schilksee", das von den Bewohnern Kiels als Naherholungsgebiet genutzt wurde. Die Stadt kaufte das Gelände 1925 und versuchte, Einfluss auf die Gemeinde auszuüben. Eine Eingemeindung wurde vom Kreis aber abgelehnt. Nach dem Ende des Zweiten Weltkriegs kamen etwa 1.000 Flüchtlinge nach Schilksee, wodurch sich die Bevölke-

---

227 Stadtarchiv Kiel, Nr. 52538.
228 Stadtarchiv Kiel, Nr. 36216.
229 Stadtarchiv Kiel, Nr. 45935.
230 „Suchsdorf gehört zu Kiel", in: Kieler Nachrichten, Nr. 77 vom 1. April 1958, S. 3, „Kieler Farben über Suchsdorf, in: Kieler Nachrichten, Nr. 78 vom 2. April 1958, S. 3.
231 Wilde 1995, S. 106.
232 Detlefsen 1978, S. 147-160, Rosenplänter 2011l, Wilde 1995, S. 107.

rungszahl auf 1.754 erhöhte.[233] Dies war einer der Gründe, warum bereits 1948 Eingemeindungsverhandlungen durchgeführt wurden. Neben der Flüchtlingssituation war auch die enge Verflechtung mit Kiel ein Grund dafür, dass die Einwohner Schilksees einer Eingemeindung offen gegenüber standen.

Dagegen sprach, dass die Gemeinde verkehrsmäßig schlecht erschlossen war und die Versorgung mit Strom, Gas und Wasser technisch aufwendig und teuer sein würde. Die Stadt hätte demnach größere finanzielle Anstrengungen unternehmen müssen, um die Entwicklung der Gemeinde zu sichern. Im Februar 1950 zeigte sich, dass unter anderem die positiven Berichte aus Pries für die wohlwollende Haltung der Einwohner mit verantwortlich waren. Dennoch wurden die Verhandlungen bis 1955 unterbrochen. Am 20. Dezember 1955 stellte sich heraus, dass die Gemeindevertretung nicht über die bisherigen Verhandlungen informiert gewesen war, sondern es sich ausschließlich um Abgeordnete der SPD gehandelt hatte, die mit der Stadt in Kontakt getreten waren. Nachdem die KVAG[234] die direkte Busverbindung zwischen Schilksee und dem Hauptbahnhof eingestellt hatte, stellte die Gemeindevertretung fest, dass nichts für eine Eingemeindung sprach und nahezu alle Einwohner gegen die Eingemeindung waren.

Zusätzlich wurde die Stimmung in der Bevölkerung durch verschiedene Faktoren beeinflusst, die sich negativ auf die Verhandlungsposition der Stadt auswirkten. Es kamen Gerüchte auf, dass die Firma Maschinenbau Kiel (MaK)[235] in Falckenstein Industrieanlagen errichten wolle und somit der Strand verloren gehen würde.[236] Außerdem sollte ein Vordringen städtischer Lebensweise verhindert werden. Dennoch stimmte die Gemeindevertretung aus taktischen Gründen am 20. Dezember 1955 für die Aufnahme von Verhandlungen, auch um den Kreis Eckernförde unter Druck zu setzen. Deshalb kam es am 27. Januar 1956 zu einem Gespräch zwischen Gemeindevertretern und Vertretern der Stadt. Dabei versuchte Oberbürgermeister Müthling die Bedenken der Gemeindebevölkerung zu zerstreuen, indem er darauf hinwies, dass die Stadt keineswegs plane, den ländlichen Charakter Schilksees zu zerstören. Es zeigte sich, dass die Gemeindevertreter selber uneins darüber waren, ob sie einen Ausbau der Gemeinde, vor allem in Bezug auf die Verbesserung der Infrastruktur, wünschten oder nicht.

Die Stadt wollte diese Uneinigkeit ausnutzen, um die Bevölkerung direkt anzusprechen und für eine Eingemeindung zu gewinnen. Vor allem der Fremdenverkehrsverein Schilksee sprach sich vehement für eine Eingemeindung aus, die Gemeinde blieb aber gespalten. Erst nachdem der Vertrag mit Suchsdorf im November 1956 bekannt geworden war, sprach sich die Gemeindevertretung für die Fortführung der Verhandlungen aus. Deshalb kam es zu einer

---

233 Stadtarchiv Kiel, Nr. 36219.
234 Von 1937 bis 2001 existierte die Kieler Verkehrs-Aktiengesellschaft (KVAG), die 2001 in die Kieler Verkehrsgesellschaft mbH umgewandelt wurde. Zunächst betrieb die KVAG die Buslinien in Kiel, von 1942 bis zur Einstellung 1984 auch die Straßenbahn (vgl. Rosenplänter 2011g).
235 Zur Geschichte der MaK vgl. Dopheide 2011b.
236 Stadtarchiv Kiel, Nr. 36219.

zweiten Besprechung am 30. November, in der Gemeindevertreter Diekmann weiterhin strikt gegen die Eingemeindung war. Die übrigen Teilnehmer waren hingegen von den Plänen der Stadt überzeugt, die in Schilksee eine leistungsfähige Gebietskörperschaft aufrecht erhalten wollte, in der auch die Verwaltung relativ eigenständig bleiben sollte. Der Stadt kam es dabei vor allem darauf an, mit Schilksee neues Baugelände zu erhalten, da in Friedrichsort zahlreiche Familien auf dem Gelände des Arsenals wohnten und nach Schilksee umgesiedelt werden sollten.

Am 22. März 1957 schließlich stimmte die Gemeindevertretung mit 10:1 Stimmen für die offizielle Aufnahme von Verhandlungen.[237] Gemeindevertreter Diekmann sprach sich weiterhin strikt gegen die Eingemeindung aus. Bis zum Juni hatten sich die Stadt und die Gemeinde auf einen Vertrag geeinigt, in dem die Stadt den Ausbau der Verkehrswege, die Lösung des Wohnungsproblems, die Förderung des Fremdenverkehrs sowie die Einrichtung eines Ortsbeirats zusagte. Deshalb stellte Schilksee am 13. Juni 1957 beim Kreis Eckernförde einen Antrag auf Ausgemeindung, obwohl der Vertrag mit der Stadt noch nicht unterschrieben worden war, da Oberbürgermeister Müthling erst eine Einigung mit dem Kreis erreichen wollte. Der Kreistag sprach sich zunächst gegen eine Umgemeindung Schilksees aus, da verhindert werden sollte, dass die Stadt mit verschiedenen Gemeinden Einzelverträge abschloss und damit den Kreis unter Druck setzen könnte. Bei den Verhandlungen, die am 16. Juli 1957 stattfanden, stand zunächst das Problem der Baulandbeschaffung im Vordergrund.

Kiel wollte ohne vorherige Eingemeindung keine Wohnungen in Schilksee errichten, Landrat Mentzel dagegen die Frage des Baulandes vor der Eingemeindungsfrage lösen. Es sollte ein Präzedenzfall für weitere Eingemeindungen verhindert werden, vor allem in Hinblick auf die mögliche Eingemeindung von Altenholz nach Kiel. Die Vertreter der Stadt wiesen darauf hin, dass mit Altenholz keine weiteren Verhandlungen geführt werden sollten, da das Bauprogramm dort nicht die Erwartungen der Kieler erfüllte. Die Forderung des Kreises nach finanziellem Ausgleich wurde dagegen ohne weitere Diskussionen akzeptiert. Eine Eingemeindung sollte allerdings nur dann stattfinden, wenn alle Seiten damit einverstanden waren. Deshalb stimmte der Kreisvorstand im September 1957 für die Ausgemeindung Schilksees, da etwa 90% der Bevölkerung der Gemeinde für die Eingemeindung nach Kiel waren.

Allerdings verzögerte sich eine endgültige Entscheidung, da das schleswig-holsteinische Innenministerium ein Gutachten zu den geplanten Eingemeindungen vorlegen wollte. Dies wurde im Dezember 1957 bekannt und die Folge war, dass Eingemeindungen generell als ungeeignet angesehen wurden, die Probleme von städtischen Ballungsräumen zu lösen, vor allem im Fall der Eingemeindung Schilksees. Trotzdem waren sowohl die Gemeindevertretung als auch Landrat Mentzel weiterhin für die Eingemeindung und der Kreistag sollte am 28. Dezember darüber entscheiden. Am 31. Dezember traf Mentzel mit Vertretern der Gemeinde zusammen und stellte großzügige Hilfen des Kreises für die Lösung der Probleme Schilksees in Aussicht. Vor allem der Schutz der Steilküste und die Verbesserung der

---

237 Stadtarchiv Kiel, Nr. 36220.

schlechten Infrastruktur sollten nun nicht mehr von Kiel, sondern vom Kreis selber durchgeführt werden. Dieses Angebot des Kreises überraschte sowohl die Gemeindevertreter als auch die Stadt, weshalb der Oberbürgermeister und der Magistrat beschlossen, zunächst eine verzögernde Haltung einzunehmen und auf die Kreisorgane einzuwirken.

In der Folgezeit verfolgte der Kreis Eckernförde das Ziel, den Grundbesitz der Stadt in Schilksee durch ein Enteignungsverfahren in den Besitz des Kreises zu bringen und somit den Wohnungsbau selber voranzutreiben. Dieser Plan wurde aber mit Rücksicht auf Kiel nicht weiter verfolgt, auch weil der Kreisausschuss am 5. Juni 1958 Zweifel daran äußerte, dass der Kreis den Wohnungsbau selber durchführen könne. Gleichzeitig wurden die Forderungen Schilksees an den Kreis als überzogen bezeichnet, was in der Gemeinde für Empörung sorgte. Da die Gemeindevertretung Schilksees weiterhin für die Eingemeindung war, formulierte der Kreis schließlich am 22. Juli 1958 Forderungen an die Stadt Kiel. Dies betraf den Beitritt Kiels zu einer kommunalen Arbeitsgemeinschaft (analog zu den Forderungen des Kreises Rendsburg bei der Eingemeindung Suchsdorfs[238]), für zehn Jahre keine weiteren Eingemeindungen aus dem Kreis Eckernförde[239] sowie eine angemessene Entschädigung und die Mitwirkung des Kreises am Vertrag zwischen Kiel und Schilksee. Die Höhe der Entschädigung wurde vom Amt Dänischenhagen auf 530.000 DM taxiert, die Gemeinde selber ging von 214.000 DM aus. Bis zum Herbst 1958 konnte aber wiederum keine Einigung erzielt werden.

Der steuerliche Ausfall für den Kreis wurde am 9. Oktober auf 8.500 bis 28.000 DM pro Jahr geschätzt, insgesamt verpflichtete sich die Stadt Kiel, 400.000 DM in zehn Jahresraten zu zahlen.[240] Wie auch im Falle von Suchsdorf bedeutete diese Ratenzahlung eine Ersparnis gegenüber der Option einer Einmalzahlung.[241] Bürgermeister Marten wurde nach der Eingemeindung Vorsitzender des Ortsbeirats und erhielt die gleiche Aufwandsentschädigung wie zuvor, 236,15 DM pro Monat.[242] Am 31. Dezember 1958 stimmte die Gemeindevertretung ohne Gegenstimme für die Eingemeindung und die Gremien von Landkreis und Stadt stimmten im Februar des Folgejahres dafür. Somit konnte die Eingemeindung zum 1. April 1959 durchgeführt werden.[243] Die Verwaltungsstelle Pries war ab diesem Zeitpunkt für den neuen Stadtteil zuständig, die Flüchtlingsberatung erfolgte in den letzten verbliebenen Baracken (dies betraf etwa 160 Personen) von Kiel aus.[244] 1959 hatte Schilksee 1.170 Einwohner und war 606 ha groß. Mit der Eingemeindung wurden 50 ha der Gemeinde zu einem Baugebiet für offene Bauweise erklärt, um die größte Wohnungsnot der Gemeinden nördlich des Kanals möglichst schnell zu beheben.[245] In den Folgejahren entwickelte sich Schilksee in sehr schnel-

---

238 Stadtarchiv Kiel. Nr. 36216.
239 Stadtarchiv Kiel, Nr. 36220.
240 Stadtarchiv Kiel, Nr. 36221.
241 Vgl. auch Stadtarchiv Kiel, Nr. 52538.
242 Stadtarchiv Kiel, Nr. 36221.
243 „Ab heute heißt es Kiel-Schilksee", in: Kieler Nachrichten, Nr. 75 vom 1. April 1959, S. 3.
244 Stadtarchiv Kiel, Nr. 70635.
245 Stadtarchiv Kiel, Nr. 68914.

lem Tempo, vor allem die Vergabe der olympischen Segelwettbewerbe 1972 und die damit verbundene Errichtung des Olympiazentrums[246] waren ein wichtiger Impulsgeber.[247] Die Bautätigkeit konzentrierte sich hauptsächlich auf die östlichen Bereiche der Gemeinde an der Förde. Mit der Errichtung der Fördestraße 1969 als Verkehrsverbindung zum Stadtzentrum wurde eine der zentralen Forderungen der Einwohner aus den Eingemeindungsverhandlungen erfüllt.[248]

Oberbürgermeister Luckhardt[249] wies in seiner Rede zum 25. Jahrestag der Eingemeindung im Jahr 1984 darauf hin, dass Schilksee von allen Stadtteilen die größten Änderungen erfahren hatte und die Stadt die Versprechen erfüllt hatte, die bei der Eingemeindung gemacht worden waren.[250] Die Eingemeindung Schilksees habe sich für beide Seiten gelohnt.

6.3 Mettenhof

Bis 1896 gehörte das Gebiet Mettenhofs zum Gut Quarnbek, danach wurde der dortige Hof verkauft und 1898 Bestandteil der neu gegründeten Gemeinde Melsdorf.[251] Nach mehreren gescheiterten Versuchen konnte die Stadt Kiel 1937 einen großen Teil Mettenhofs aufkaufen und auf diesem Land entstand zwischen 1937 und 1939 die so genannte Leichtbausiedlung für Werksangehörige der Land- und See-Leichtbau GmbH. Die Bebauung bestand aus eingeschossigen Häusern.

Durch den Zweiten Weltkrieg wurde eine Eingemeindung Mettenhofs, die von Oberbürgermeister Behrens fest eingeplant war, verhindert. Erst ab 1955 wurde erneut versucht, den Ortsteil Mettenhof von Melsdorf zu trennen und in die Stadt einzugemeinden.[252] Fast alle Werktätigen der Siedlung arbeiteten in Kiel und auch die Versorgung wurde von der Stadt übernommen, sodass eine Eingemeindung schon aufgrund der Vernetzung zwischen Kiel und Mettenhof sinnvoll erschien. Außerdem bestanden zwischen den Bewohnern des Dorfes und der Siedlung große soziale Unterschiede. Die Einwohner Mettenhofs wollten allerdings nicht umgemeindet werden, während die Melsdorfer größtenteils dafür waren. Dies hing unter anderem damit zusammen, dass viele Mettenhofer im und nach dem Zweiten Weltkrieg schlechte Erfahrungen mit der Stadtverwaltung gemacht hatten, bevor sie nach Mettenhof übergesiedelt waren. Im Februar 1956 bestand die Gemeindevertretung zum großen Teil aus Gegnern einer Eingemeindung, deshalb wurden zunächst keine Verhandlungen geführt. In den folgenden Jahren bemühte sich die Stadt aber, alle Forderungen der Bewohner Mettenhofs zu erfül-

---

246 Rosenplänter 2011i.
247 Stadtteile 3, S. 96-97.
248 Wilde 1995, S. 109.
249 Karl Heinz Luckhardt (geb. 1932), Oberbürgermeister von 1980-1992 (vgl. Erlenbusch 2011a).
250 Stadtarchiv Kiel, Nr. 66493.
251 Rothert 2011a, Wilde 1995, S. 109-110.
252 Stadtarchiv Kiel, Nr. 36231.

len, um so eine positive Stimmung gegenüber der Stadt zu erzeugen. Zu diesem Zweck wurden unter anderem ein Ehrenmal geplant, die Straßen ausgebessert und Barackenlager umgesetzt.

Obwohl die Einwohner Mettenhofs weiterhin gegen eine Eingemeindung waren, wurde diese ab 1960 dringlich.[253] Die Kieler Wohnungsbau Gesellschaft (KWG)[254] und die Neue Heimat hatten die landwirtschaftlich genutzten Flächen Mettenhofs erworben und planten, dort eine Großwohnanlage zu errichten.[255] Nötig geworden war dies, weil nach einem Gutachten bis 1965 insgesamt 17.100 Wohnungen in Kiel fehlen würden und im Stadtgebiet selber keine freien Flächen für so viele Wohnungen vorhanden waren. Auch in Suchsdorf, wo ebenfalls ein großes Bauprojekt der Neuen Heimat realisiert wurde, stockten die Arbeiten, weil der Grundbesitz auf viele Personen aufgeteilt war und so der Ankauf der nötigen Grundstücke nicht schnell genug voranging.[256] Deshalb wurden schließlich in Mettenhof Bauflächen ausgewiesen. Da allein im Gebiet Heidenberg[257] 3.600 neue Wohnungen errichtet werden sollten, war bald klar, dass weder die Gemeinde Melsdorf noch der Kreis Rendsburg in der Lage sein würden, die administrativen Aufgaben für dieses Projekt zu übernehmen.[258]

Weil die Planungen im Frühjahr 1960 noch nicht über ein frühes Stadium hinaus gekommen waren, lehnte Bürgermeister Doose aus Melsdorf weitere Verhandlungen ab, sofern keine konkreten Pläne vorlagen. Grundsätzliche Forderungen hatte die Gemeinde aber bereits am 3. März 1960 formuliert. Unter anderem sollte der Widerstand der Mettenhofer durch weitere Projekte, wie den Ausbau von Straßen, aufgeweicht werden, und Melsdorf wollte von Kiel sowohl die Versorgung mit Wasser als auch mit Strom erhalten. Nach einer Aussprache am 8. September 1960, an der Oberbürgermeister Müthling, Bürgermeister Fuchs, Baurat Jensen, Obermagistrat Materne, Dipl.-Ing. Sievert, Dr. Willing (alle Stadt Kiel), Direktor Damm (Neue Heimat) und Bürgermeister Doose (Melsdorf) teilnahmen, wurde vereinbart, unter strengster Geheimhaltung Verhandlungen aufzunehmen. Dies war notwendig, weil die Melsdorfer Gemeindevertretung zu diesem Zeitpunkt vor allem wegen der Mettenhofer gegen eine Eingemeindung war. Zunächst sollten weitere Grundstücke aufgekauft werden, damit den Einwohnern Mettenhofs die Zwangsläufigkeit der Entwicklung klar würde und diese ihren Widerstand aufgeben müssten.

Um die Ernsthaftigkeit des Projekts zu demonstrieren, wollte die Neue Heimat bereits zu Beginn des Jahres 1961 mit dem Bau der ersten 1.000 Wohnungen beginnen. Dieser Versuch scheiterte aber, da die Planungen in den Wintermonaten nicht vorankamen. Weder die Gemeinde, noch der Kreis oder die Stadt wollten Vorleistungen erbringen, bevor nicht die Eingemeindung Mettenhofs nach Kiel vollzogen war. Die Stadt wollte verhindern, dass wie im

---

253 Jablonski 1993, S. 264.
254 Zur KWG vgl. Mehlhorn 2011.
255 Jablonski 1993, S. 264.
256 Stadtarchiv Kiel, Nr. 36231.
257 Zu Russee gehörend, vgl. Kap. 7.1.
258 Stadtarchiv Kiel, Nr. 36231.

Fall von Altenholz-Stift erst dann auf die Hilfe Kiels zurückgegriffen würde, wenn bereits Fehlplanungen vorlagen. Gemeinde und Kreis waren sicher, dass sie die Aufgabe selber nicht bewältigen konnten. Am 20. März kam es zu erneuten Verhandlungen zwischen Melsdorf und Kiel, in denen die Gemeindevertreter Melsdorfs die Versorgung der Gemeinde mit Wasser und Strom zu den gleichen Preisen forderten, wie sie in Kiel üblich waren. Das war eine Forderung, welche weder die Stadtwerke noch die Verwaltung erfüllen wollten, da so ein Präzedenzfall für andere Gemeinden geschaffen worden wäre.[259]

Im Juli 1961 verzichtete die Gemeinde darauf, den in Kiel üblichen Tarif für Wasser und Strom zu zahlen. Dafür wurde vereinbart, dass die Baukosten für die Wasserversorgung von der Stadt übernommen werden sollten.[260] Um dies zu verschleiern, wurde festgelegt, dass Kiel nach der Eingemeindung 50.000 DM an die Gemeinde bezahlt, die dann für den Wasseranschluss aufgewendet werden würden. Der Kreis Rendsburg, der bereits die Eingemeindung Suchsdorfs verzögert hatte, wurde im August 1961 als Kommunalaufsichtsbehörde in die Verhandlungen einbezogen und forderte Änderungen im Vertrag zugunsten Melsdorfs. Die wichtigste Forderung war, dass die Gemeinde im Bereich der Schmutzwasserabnahme Kronshagen gleichgestellt werden müsste. Kronshagen zahlte für einen Kubikmeter Schmutzwasser 6 Pfennig an Kiel, obwohl die Stadt erst ab 12 Pfennig kostendeckend arbeiten konnte. Um zu verhindern, dass Melsdorf zu einem Präzedenzfall würde und dadurch der Betrag für die Abnahme von Schmutzwasser im gesamten Kieler Umland bei 6 Pfennig bleiben musste, lehnte die Stadt diese Forderung ab.

Der Landkreis versuchte nicht nur, den Preis für Schmutzwasser gering zu halten. Es sollte ein regionaler Planungsverband initialisiert werden um, die Raumplanung des Kieler Umlandes in Zukunft ohne Eingemeindungen gemeinsam koordinieren zu können. Außerdem sollte verhindert werden, dass der Kreis durch einen fertigen Vertrag, wie im Fall von Suchsdorf, unter Druck gesetzt werden könnte.[261] Die Stadt wiederum versuchte Druck auf Bürgermeister Doose auszuüben, um ihn dazu zu bringen, einen Vertrag so schnell wie möglich durch die Gemeindevertretung annehmen zu lassen. Er sollte überzeugt werden, dass die Interessen von Melsdorf durch den Kreis nicht ausreichend wahrgenommen würden. Dazu gehörte auch die Strategie, die Gemeindevertreter darüber zu informieren, dass ohne eine Eingemeindung Mettenhofs auch kein Wasserlieferungsvertrag unterzeichnet werden würde und die Gemeinde sich demnach durch eine Verzögerung selber schadete.[262]

Die Dimensionen des Bauvorhabens in Mettenhof wurden 1962 bekannt, als die Neue Heimat ein Projekt für 40.000 Einwohner vorlegte.[263] Zwar wurde diese Planung nicht umgesetzt, sie zeigte aber, in welcher Größenordnung hier gedacht wurde. Die Verhandlungen

---

259 Vgl. Kap. 7.2 sowie Stadtarchiv Kiel, Nr. 36210.
260 Stadtarchiv Kiel, Nr. 45935.
261 Vgl. Kap. 6.1 sowie Stadtarchiv Kiel, Nr. 36216.
262 Stadtarchiv Kiel, Nr. 45935.
263 Jablonski 1993, S. 264.

wurden im Verlauf des Jahres 1962 weitergeführt, der Eingemeindung standen aber keine grundsätzlichen Einwände mehr im Wege. Deshalb konnte die Eingemeindung zum 1. Juni 1963 vollzogen werden.[264] Zu diesem Zeitpunkt hatte Mettenhof 526 Einwohner[265], zusammen mit einem Teilgebiet von Hasseldieksdamm, das ebenfalls in die Planungen der Großwohnanlage eingebunden war, lebten ca. 3.500 Menschen in diesem Areal.[266]

1963 wurde das endgültige Konzept für die Anlage vorgestellt, es sah 6.000 Wohnungen für 18.000 Einwohner vor und war in 5 Zellen zu je 3.000 bis 5.000 Menschen aufgeteilt. An den Grenzen zu den Nachbargemeinden verblieb jeweils ein Grüngürtel, sodass z.B. Melsdorf weiterhin räumlich von Kiel getrennt blieb. Die Erschließung des Geländes begann 1963 und zwei Jahre nach der Eingemeindung, im Juni 1965, wurde der symbolische Grundstein gelegt.[267] Bereits 1966 waren die ersten Wohneinheiten bezugsfertig.[268] Die ursprünglichen Planungen wurden nur zu einem Teil verwirklicht. Der 6. Bauabschnitt, der erst in den 1980er Jahren begonnen wurde, bestand aus Einfamilienhäusern und nicht mehr aus den großen Komplexen, die zunächst errichtet worden waren.[269] Mettenhof hat aktuell fast 19.000 Einwohner und ist damit der größte Stadtteil Kiels.[270]

---

264 Stadtarchiv Kiel, Nr. 45935.
265 Wilde 1995, S. 110.
266 Jablonski 1993, S. 264-266.
267 Die Bauarbeiten selber begannen Ende des Jahres 1964, vgl. dazu „Große Veränderungen an Kiels Peripherie", in: Kieler Nachrichten, Nr. 242 vom 16. Oktober 1964, S. 5, „Mettenhof – größte Baustelle Europas", in: Kieler Nachrichten, Nr. 270 vom 18. November 1964, S. 5.
268 Jablonski 1993, S. 264-266.
269 Das höchste Gebäude, der „Weiße Riese", wurde zwischen 1969 und 1972 errichtet. Vgl. dazu auch „Zur Olympiade hat Kiel sein Manhattan", in: Kieler Express, Nr. 4 vom 23. Januar 1969, S. 1.
270 Stadtteile 5, S. 32-33.

7 Kommunale Gebietsreform

Die bisher letzten Eingemeindungen in die Stadt Kiel fanden 1970 statt und betrafen die Gemeinden Russee, Rönne, Meimersdorf, Moorsee und Wellsee. Diese Eingemeindungen wurden durch das Zweite Gesetz einer Neuordnung von Gemeinde- und Kreisgrenzen sowie Gerichtsbezirken[271] geregelt. Es gab zwar auch hier im Vorfeld Verhandlungen, aber die wichtigsten Bestimmungen wurden von der Landesregierung vorgegeben. Insgesamt wurden zwischen 1969 und 1973 vier Gebietsneuordnungsgesetze erlassen, die in ihrer Gesamtheit eine kommunale Gebietsreform ergaben.[272] Hier wird nur eine grobe Übersicht über die Grundlagen, Ziele und Bestimmungen der Reform betrachtet, da eine detaillierte Analyse zu weit gehen würde und nur ein kleiner Teil der Reform die Stadt direkt betraf. Anschließend werden die einzelnen Gemeinden betrachtet und der Verlauf der Eingemeindung dargestellt.

7.1 Übersicht über die Gebietsreform

Die Reform war durch die wirtschaftliche und gesellschaftliche Entwicklung nach dem Zweiten Weltkrieg notwendig geworden.[273] Das Wachstum der Industrie und der gleichzeitige Schwund der Landwirtschaft hatte die Bevölkerungsverteilung in Schleswig-Holstein nachhaltig verändert. Zusätzlich wurden die Gemeinden damit konfrontiert, dass ihre Bewohner zunehmend bisher den Städten vorbehaltene Einrichtungen forderten. Dazu gehörte auch die Versorgung mit fließendem Wasser, die in Schleswig-Holstein 1970 flächendeckend sichergestellt war. Die kleineren Gemeinden versuchten, diese neuen Aufgaben, die große Kosten verursachten, im Verbund mit anderen Gemeinden zu erfüllen. Dennoch waren die Kommunen mit den neuen Aufgaben teilweise überfordert.

Wie in anderen Bundesländern auch setzte die schleswig-holsteinische Landesregierung eine Sachverständigenkommission ein.[274] Diese Kommission unter Wilhelm Loschelder sollte die kommunalen Strukturen in die Verwaltungsstruktur des Landes einordnen, eine Neuordnung der Planungsräume und die Koordinierung von überregionalen Maßnahmen der Verwaltung erarbeiten. Außerdem gehörte zu ihren Aufgaben, die Frage zu klären, ob Regionalverwaltungen zweckmäßig seien und wie die Leistungsfähigkeit von Gemeindeverwaltungen und Landkreisen erhöht werden könnte.

Diese Vorschläge wurden zusammengefasst und der Landesregierung vorgelegt, die daraus Ziele für die Reform formulierte.[275] Oberste Priorität hatte die Ansiedlung und Förderung

---

271 Gebietsneuordnungsgesetz 2.
272 Bernstein 2010, S. 12.
273 Ebd., S. 16-26.
274 Vgl. Bernstein 2010, S. 138-139, Innenminister 1968.
275 Jochimsen u.a. 1969, S. 7-26.

von Industriebetrieben. Dies konnte nur bei einer Reform von Landkreisen und Gemeinden effektiv geschehen. Die Landesregierung wollte alle Regionen in Schleswig-Holstein aktiv fördern. Dabei standen die Verkehrsplanung und die Einrichtung von Entwicklungsachsen im Vordergrund. Es gab zu diesem Zeitpunkt keine durchgehende Autobahn oder elektrifizierte Eisenbahn im Land, was die Entwicklung nachhaltig hemmte. Außerdem war die Entwicklung des Hamburger Umlandes wenig planvoll verlaufen, sodass es keine Entwicklungsachsen aus der Stadt nach Norden gab, sondern sich Ballungsräume gebildet hatten. Die ländlichen Regionen sollten ebenso gefördert werden wie die städtischen, weshalb geplant war, sogenannte Zentralorte festzulegen. Dort sollte die Ansiedlung neuer Betriebe voran getrieben werden, um die Abwanderung der Landbevölkerung zu verhindern oder zumindest zu hemmen.

Ziel all dieser Maßnahmen war die Herstellung möglichst einheitlicher Lebensverhältnisse für alle Einwohner.[276] Dazu gehörte vor allem die Reform der Verwaltung. Diese sollte effektiver und bürgernaher werden, kein Einwohner eines Landkreises sollte mehr als 25 Kilometer von seiner Kreisverwaltung entfernt wohnen. Dadurch sollte die Bindung zwischen Landkreis und Bürgern verstärkt werden. Dabei war klar, dass eine Kreisreform nur bei einer gleichzeitigen Gemeindereform sinnvoll sein würde. Die notwendige Reform der Gemeinden wollte die Landesregierung allerdings nur auf freiwilliger Basis durchführen lassen. Es gab verschiedene Vorschläge, wie die neuen Landkreise gegliedert sein würden, diese sollen hier aber nicht dargestellt werden.

Das erste Gebietsneuordnungsgesetz wurde am 22. April 1969 verkündet[277], der Fokus lag auf dem Hamburger Umland. Durch dieses Gesetz wurde die Stadt Norderstedt gegründet.[278] Aus den Gemeinden Friedrichsgarbe und Garstedt (Kreis Pinneberg) sowie Glashütte und Harksheide (Kreis Stormarn) wurde Norderstedt gebildet und die Stadt dem Kreis Segeberg zugeordnet. Damit sollte die Aufbauachse Hamburg-Ochsenzoll-Kaltenkirchen administrativ neu organisiert werden. Bis das Gesetz am 1. Januar 1970 in Kraft trat, war die Entwicklung in diesem Gebiet unorganisch verlaufen und konnte aufgrund der Zersplitterung der Verwaltung nicht nachhaltig gestaltet werden. Die neue Stadt war mit 53.000 Einwohnern die fünftgrößte Stadt Schleswig-Holsteins und die größte im Kreis Segeberg.

Das Zweite Gebietsneuordnungsgesetz vom 23. Dezember 1969[279] betraf das gesamte Land Schleswig-Holstein, nicht nur eine bestimmte Region.[280] Die kommunalen Grenzen, die erst im 19. Jahrhundert entstanden waren, wurden in Frage gestellt und die Struktur der bisherigen Landkreise verändert. Aus neun Kreisen wurden durch Auflösungen und Zusammenlegungen vier größere Kreise gebildet. Neben den Kreisfusionen wurden verschiedene Gemein-

---

276 Bernstein 2010, S. 67-85.
277 Gebietsneuordnungsgesetz 1.
278 Bernstein 2010, S. 86-135.
279 Gebietsneuordnungsgesetz 2.
280 Bernstein 2010, S. 136-156.

den anderen Kreisen als bisher zugeordnet, dies wird hier nicht betrachtet. Aus den Landkreisen Eiderstedt, Husum und Südtondern wurde der Landkreis Nordfriesland mit Sitz in Husum gebildet. Norder- und Süderdithmarschen fusionierten zum Landkreis Dithmarschen mit dem Kreissitz Heide. Rendsburg und Eckernförde wurden zum Landkreis Rendsburg-Eckernförde zusammengefasst, die Kreisstadt ist Rendsburg. Aus Eutin und Oldenburg in Holstein wurde Ostholstein, der Kreissitz ist Eutin. Durch diese Gebietsreform gab es im Kieler Umland nur noch zwei Landkreise, Rendsburg-Eckernförde und Plön. Außerdem wurde der Landkreis Flensburg-Land aufgelöst.

Die vier kreisfreien Städte Kiel, Lübeck, Neumünster und Flensburg wurden ebenfalls durch das Zweite Gebietsneuordnungsgesetz verändert.[281] In diese Städte wurden neue Gemeinden eingemeindet. Allerdings waren die Eingemeindungen in die Städte im Vergleich mit den Veränderungen der Landkreise weit weniger umfangreich und spielten in der öffentlichen Betrachtung, außer auf kommunaler Ebene, kaum eine Rolle. So wurde dieser Teil der Kommunalreform sowohl von Jochimsen als auch von der Sachverständigenkommission unter Loschelder in ihren Publikationen ausgespart.[282] Im dritten Gebietsneuordnungsgesetz vom 3. Juli 1973[283] wurde der im Zweiten Gebietsneuordnungsgesetz aufgelöste Kreis Flensburg-Land[284] mit dem Kreis Schleswig zusammengefasst und zum neuen Landkreis Schleswig-Flensburg.[285] Außerdem wurden einige Gemeinden in die Stadt Flensburg eingemeindet. Das kurz darauf erlassene Vierte Gebietsneuordnungsgesetz vom 15. November 1973[286] regelte die Veränderung von Gemeindegrenzen in den Gebieten Glückstadt, Eckernförde und Südtondern.[287] Damit war die kommunale Gebietsreform in Schleswig-Holstein abgeschlossen. Insgesamt gab es nun 11 Landkreise[288] und 4 vergrößerte kreisfreie Städte.[289]

7.2 Die Eingemeindungen von 1970

Obwohl insgesamt sehr detaillierte Vorschläge gemacht wurden, wurde dabei das Kieler Umland fast vollständig ausgespart, auch von der Loschelder-Kommission.[290] Die Eingemeindungen erfolgten durch das Zweite Gebietsneuordnungsgesetz und wurden am 23. Dezember

---

281 Gebietsneuordnungsgesetz 2, §10-13.
282 Vgl. Innenminister 1968, Jochimsen 1969, S. 55-57.
283 Gebietsneuordnungsgesetz 3.
284 Vgl. Gebietsneuordnungsgesetz 2, §6.
285 Bernstein 2010, S. 198-200.
286 Gebietsneuordnungsgesetz 4.
287 Bernstein 2010, S. 200-202.
288 Dithmarschen, Herzogtum Lauenburg, Nordfriesland, Ostholstein, Pinneberg, Plön, Rendsburg-Eckernförde, Schleswig-Flensburg, Segeberg, Steinburg, Stormarn.
289 Flensburg, Kiel, Lübeck, Neumünster.
290 Bernstein 2010, S. 140.

1969 verkündet und traten am 26. April 1970 mit der Kommunalwahl in Schleswig-Holstein in Kraft.[291] Aus dem Kreis Rendsburg kamen Teile der Gemeinde Ottendorf und die Gemeinde Russee zur Stadt Kiel. Aus dem Kreis Plön waren es die Gemeinden Meimersdorf, Moorsee, Wellsee und Rönne. Alle diese Gemeinden sollten bereits vorher in die Stadt eingemeindet werden, was aber aus verschiedenen Gründen nicht erfolgt war. Im folgenden Kapitel werden die Verhandlungen dargestellt, die vor der kommunalen Gebietsreform geführt worden waren. Außerdem wird gezeigt, warum diese Gemeinden eingemeindet werden sollten. Im Fall von Russee wird auch auf den Widerstand der Bevölkerung eingegangen.[292]

7.2.1 Russee

Zwischen dem Ersten und dem Zweiten Weltkrieg scheiterten die ersten Versuche, Russee in die Stadt Kiel einzugemeinden. Der erste Versuch wurde 1921 unternommen, die Verhandlungen allerdings nach kurzer Zeit wieder abgebrochen.[293] Zwei Jahre später wollte die Gemeinde die Exklaven Kiels im Gemeindegebiet eingemeinden, was von der Stadt allerdings am 5. Mai 1923 abgelehnt wurde. Ende der 1920er Jahre wurden wieder Eingemeindungsverhandlungen aufgenommen, doch trotz der Zustimmung der Gemeindevertretung scheiterten diese an der Weltwirtschaftskrise 1929 und der anschließenden Krise des Deutschen Reiches.[294] Der letzte Versuch einer Eingemeindung vor dem Zweiten Weltkrieg wurde 1938/39 von Oberbürgermeister Behrens initiiert.[295] Die Stadt sollte durch zahlreiche Eingemeindungen stark vergrößert werden, durch den Ausbruch des Zweiten Weltkriegs wurde aber nur Elmschenhagen eingemeindet.

Russee, 1233 erstmals urkundlich erwähnt, war bis 1572 ein Stadtdorf, kam anschließend unter landesherrliche Herrschaft und gehörte ab 1667 zum Gut Kronshagen.[296] Im 19. Jahrhundert beeinflusste das Wachstum Kiels auch diese Gemeinde und führte dazu, dass sich vermehrt Handwerker ansiedelten. Bis 1895 war Russee auf 328 Einwohner angewachsen. 1905 entstand der Bahnhof Russee an der Bahnlinie Kiel-Rendsburg, von dem die Gemeinde in der Folgezeit profitieren konnte. Nach der Auflösung des Landkreises Bordesholm kam Russee 1932 zum Landkreis Rendsburg. Im Zweiten Weltkrieg wurde die Ortschaft durch Luftangriffe stark zerstört, wuchs in der Folgezeit aber stetig weiter. Die Bautätigkeit nach dem Zweiten Weltkrieg veränderte den Charakter der Siedlung und machte Russee zu einer

---

291 Gebietsneuordnungsgesetz 2, §10 und §49. Vgl. dazu auch: „In Russee gab es einen Kräuterlikör", in: Kieler Nachrichten, Nr. 97 vom 27. April 1970, S. 3.
292 Vgl. Grieser 1991, S. 408.
293 Stadtarchiv Kiel, Nr. 30052.
294 Bartels 2000, S. 13. Vgl. dazu auch die Situation in Elmschenhagen, Stadtarchiv Kiel, Nr. 32883.
295 Stadtarchiv Kiel, Nr. 33677.
296 Kühl 1967, S. 105-117, Rothert 2011d, Schütt 1999, Wilde 1995, S. 110-112.

Vorortgemeinde mit städtischem Charakter. Bis zur Eingemeindung wuchs die Einwohnerzahl auf 2.793.

1955 wurden erneut Eingemeindungsverhandlungen aufgenommen, diese scheiterten vor allem am Widerstand der Gemeindevertretung und der Bevölkerung.[297] Allerdings konnten zwischen 1956 und 1958 Verträge mit Kiel geschlossen werden, durch die sowohl die Gas- als auch die Wasserversorgung von Russee sicher gestellt wurde. Dabei wollte Kiel auf jeden Fall verhindern, dass ein Präzedenzfall für die Gemeinden südlich von Kiel geschaffen würde, da bei den Eingemeindungsverhandlungen mit diesen Gemeinden die Wasserversorgung ein starkes Druckmittel der Stadt war.[298] Letztlich endeten die Verhandlungen zwischen Stadt und Gemeinde 1958, ohne dass in der Frage der Eingemeindung Fortschritte erzielt wurden.

Im Rahmen des Bauprojekts Mettenhof wurde erneut zwischen Kiel und Russee verhandelt, um das Gebiet Heidenberg nach Kiel einzugemeinden.[299] Auch hier zeigte sich, dass zwischen der Stadt und der Gemeinde schwer Einigungen erzielt werden konnten. Zunächst wurde am 23. Februar 1965 ein Protokoll unterzeichnet und diesem stimmte der Kreistag Rendsburg im März auch zu.[300] Allerdings bemängelten Landkreis und Gemeinde danach, dass Kiel keine rechtsverbindlichen Zusagen gemacht hatte und verlangten die Umwandlung der Einigung in einen rechtsgültigen Vertrag. Dies lehnte der Magistrat ab, da ein Vertrag dem Innenministerium vorgelegt werden musste. Das wollte Kiel verhindern, da in diesem Fall möglicherweise Fördergelder des Landes gestrichen werden würden. Diesen Umstand wollten Landkreis und Gemeinde ausnutzen, um weitere Forderungen durchsetzen zu können.

Russee forderte 130.000 DM Entschädigung, die Übergabe von Grundstücken aus dem Besitz der Stadt (13,2 ha), Hilfe bei der Regulierung der Russeer Au (genaue Summe nicht bekannt), die Umgemeindung der Enklaven Mühlenberg (0,1 ha) und Kalksteinfabrik Ströh (3,3 ha) sowie die Übernahme der Straßenbeleuchtung. Kiel bot im Gegenzug 250.000 DM Entschädigung und einen Anteil an den Kosten der Auregulierung. Diesen Gegenvorschlag wollte Russee akzeptieren, wenn die Stadt dazu 0,9 ha Wegeland in Heidenberg kaufte und auch auf den Pachtzins verzichtete, den der TSV Russee zahlen musste, da der Sportverein einen stadteigenen Sportplatz nutzte. Der Magistrat akzeptierte dies und vereinbarte mit der Gemeinde Stillschweigen. Russee sollte zunächst Fördermittel aus dem Grünen Plan beantragen, um die Au zu regulieren. Nach einigen weiteren Verhandlungen, in denen es primär wieder um die Umwandlung der Protokollnotiz in einen Vertrag ging, konnte die Umgemeindung zum 1. Januar 1966 vollzogen werden. Kiel zahlte eine Entschädigung von 250.000 DM, unterstützte die Auregulierung finanziell, kaufte das Wegeland in Heidenberg, erstattete dem TSV Russee die Pachtzinsen und gab Mühlenberg an Russee ab.

---

297 Bartels 2000, S. 36.
298 Vgl. Kap. 6.3, Stadtarchiv Kiel, Nr. 36249.
299 Bartels 2000, S. 35.
300 Stadtarchiv Kiel, Nr. 36249.

Außerdem vereinbarten Russee und Kiel, dass in den nächsten 30 Jahren keine weiteren Eingemeindungsverhandlungen geführt werden sollten.[301] Dies hätte die Unabhängigkeit Russees bis mindestens 1996 bedeutet. Dazu kam es aber nicht, da der Landtag Russee 1969 per Gesetz eingemeindete.[302] Deshalb wurden in diesem Jahr Verhandlungen mit Kiel aufgenommen, um ergänzende Forderungen zu den Bestimmungen im Gesetz durchsetzen zu können.[303] Die wichtigsten Forderungen waren ein eigener Ortsbeirat, eine eigene Verwaltungsstelle und Polizeistation, der Erhalt der Bücherei, der Jugendarbeit vor Ort und der freiwilligen Feuerwehr sowie der Ausbau der Straßenbeleuchtung. Die meisten dieser Forderungen wurden bereits durch das Gesetz abgedeckt, aber auch die übrigen Forderungen wurden von der Stadt im Eingemeindungsvertrag vom 24. März 1970 erfüllt.[304]

Bis zum Tag der Eingemeindung gab es trotz der Verhandlungen verschiedene Initiativen, um diese doch noch zu verhindern.[305] Hierbei ergab sich die Situation, dass die CDU vor Ort klar gegen die Eingemeindung war, die Landes-CDU allerdings dafür. Im Gegenzug war der SPD-Ortsverein, im Landtag stellte die SPD die größte Oppositionsgruppe, für Verhandlungen mit Kiel, um möglichst große Vorteile für die Gemeinde zu erhalten. Bei einer nicht bindenden Abstimmung stimmten 10,15% der Wähler für die Eingemeindung und 89,85% dagegen. Die Stimmung in der Gemeinde wird dadurch sehr deutlich. Alle Versuche, die Eingemeindung zu verhindern, scheiterten daran, dass die Landesregierung von der Notwendigkeit der Maßnahme überzeugt war und sich nicht umstimmen ließ. Deshalb trat das Gesetz trotz des großen Widerstandes in Kraft.

Obwohl Russee keineswegs ein „Schattendasein als bedeutungsloser Stadtteil"[306] führte, wie der Sprecher der Dorfgemeinschaft Diekelmann befürchtete, waren auch Jahre nach der Eingemeindung zahlreiche Russeer unzufrieden damit. Nach der Eingemeindung wurden zahlreiche neue Wohngebäude errichtet, wobei eine bunte Mischung verschiedener Siedlungsweisen entstand.[307] Trotzdem wurde nahezu überall roter Ziegel genutzt, sodass ein einheitlich wirkender Stadtteil entstanden ist. Russee konnte von der Eingemeindung profitieren.

7.2.2 Meimersdorf

In der Gemeinde Meimersdorf war die Bevölkerung in der Eingemeindungsfrage gespalten.[308] Die Einwohner von Alt-Meimersdorf[309], zum größten Teil alteingesessene Bauern, wollten

---

301 Bartels 2000, S. 35.
302 Gebietsneuordnungsgesetz 2, §10, Art. 2.
303 Stadtarchiv Kiel, Nr. 36249.
304 Vgl. Gebietsneuordnungsgesetz 2, §16-37.
305 Bartels 2000, S. 37-40.
306 Ebd., S. 37.
307 Stadtteile 5, S. 100.
308 Stadtarchiv Kiel, Nr. 36210.

auf keinen Fall eingemeindet werden, die Bewohner von Neu-Meimersdorf, oft Arbeiter, standen einer Eingemeindung dagegen positiv gegenüber. Dieser Gegensatz resultierte aus der Geschichte der beiden Dörfer. Alt-Meimersdorf wurde zum ersten Mal im Kieler Stadtbuch von 1264 – 1289 erwähnt und gehörte bis 1867 zum Stift Itzehoe, dann zum Landkreis Kiel/Bordesholm und ab 1932 zum Landkreis Plön.[310] Es handelte sich um eine Siedlung mit dörflicher Bebauung, die 1860 370 Einwohner hatte. Neu-Meimersdorf entstand 1911 als Siedlung für Bahnbedienstete und stand in direktem Zusammenhang mit dem Verschiebebahnhof südlich des Abzweiges nach Ascheberg auf der Strecke Kiel-Altona. Zwischen dem Ersten und Zweiten Weltkrieg wurde Neu-Meimersdorf vergrößert, da der Betrieb auf der Bahnlinie stetig zunahm. Beide Dörfer blieben aber räumlich getrennt. Dies änderte sich auch nach dem Zweiten Weltkrieg nicht, als die Bevölkerung der Gemeinde auf bis zu 1.148 Einwohner anwuchs, nach 1950 allerdings wieder abnahm.

1955 wollte Bürgermeister Kühl (CDU) Eingemeindungsverhandlungen mit der Stadt führen, da Kiel und Meimersdorf bereits miteinander verflochten waren und Kiel die Gemeinde fördern sollte.[311] Da aber die meisten Bürgermeister aus dem Landkreis Plön jegliche Verhandlungen mit der Stadt Kiel ablehnten, rückte Kühl von seinem Vorhaben wieder ab. Zuvor hatte er aber Vertreter von Stadt und Kreis eingeladen, um die eigenen Vorhaben in Bezug auf Meimersdorf vorzustellen. Dies betraf vor allem Neu-Meimersdorf, denn die Wasserversorgung wurde dort bis zum Ende der 1950er Jahre immer schlechter, da einige Brunnen versiegten. Kühl ging davon aus, dass die Stadtwerke Neu-Meimersdorf auch dann mit Wasser versorgen würden, wenn keine Eingemeindung stattfände. Deshalb ruhten die Verhandlungen bis 1960, dann wurden sie auf Betreiben der Einwohner von Neu-Meimersdorf wieder aufgenommen. Die räumlich Spaltung der Gemeinde wurde nun politisch deutlich. Alt-Meimersdorf war gegen die Eingemeindung, da die Selbstständigkeit der Gemeinde erhalten werden sollte. Neu-Meimersdorf war für die Eingemeindung, da die Stadtwerke nur dann die Wasserversorgung sichern wollten, wenn das Dorf zu Kiel gehörte.

Bei den erneuten Verhandlungen sollte nur Neu-Meimersdorf eingemeindet und dazu die Gemeinde aufgeteilt werden. Deshalb entwickelte sich 1960 und 1961 eine heftige öffentliche Auseinandersetzung in der Gemeinde. Die Bewohner von Neu-Meimersdorf warfen der Gemeindevertretung und dem Bürgermeister vor, sich nicht genug für die Probleme von Neu-Meimersdorf einzusetzen. Kiel unterstütze die Befürworter einer Eingemeindung, der Kreis Plön die Gegner. Um die Wasserversorgung von Neu-Meimersdorf und damit auch den Verbleib des Dorfes in der Gemeinde zu sichern, wollten Bürgermeister Kühl und Landrat Laux ein neues Pumpwerk errichten. Zunächst wurde ein Tankwagen eingesetzt, der einmal täglich Neu-Meimersdorf mit Frischwasser versorgte. Gleichzeitig wurde das Projekt „Pio-

---

309 Zur besseren Unterscheidung wird das Dorf Meimersdorf hier Alt-Meimersdorf genannt. Die Gemeinde wird als Meimersdorf bezeichnet.
310 Tillmann 2011b, Wilde 1995, S. 114-115.
311 Stadtarchiv Kiel, Nr. 36210.

nierpark" verfolgt. Auf einem alten Militärgelände sollte ein neues Pumpwerk errichtet werden, durch das dann die Gemeinde versorgt werden könne. Die Mehrheit der Neu-Meimersdorfer lehnte dieses Projekt allerdings als zu teuer ab und kritisierte Bürgermeister Kühl. Ihm wurde vorgeworfen, sich nicht genug für die Belange aller Gemeindebewohner einzusetzen. Auch der Hinweis von Landrat Laux, dass die Versorgung durch die Stadtwerke frühestens ab Dezember 1961 erfolgen könne, führte nicht zu einer Entspannung der Situation.

Im August 1960 wurde dem Magistrat klar, dass durch Verhandlungen zunächst keine Einigung erzielt werden könnte. Deshalb wurde kurzzeitig überlegt, die Eingemeindung von Neu-Meimersdorf per Gesetz durchführen zu lassen. Dies hätte allerdings die Zustimmung des Innenministeriums und des Landtags erfordert, was nicht absehbar war. Deshalb wurde von dieser Idee wieder Abstand genommen. Stattdessen sollten die Bewohner der Gemeinde überzeugt werden.[312] Die Gemeindevertretung stimmte zwar am 10. September 1960 mit 6 zu 5 Stimmen gegen die Eingemeindung, aber den Einwohnern von Alt-Meimersdorf sollte klar gemacht werden, dass die Eingemeindung von Neu-Meimersdorf auch für ihr Dorf Vorteile brachte. Dadurch würden auch die Arbeiter aus ihrer Gemeinde ausgegliedert und sie würden sich vor der Überfremdung durch äußere Einflüsse schützen können. Ein ähnliches Vorgehen hatte in Melsdorf zum Erfolg geführt.[313] In Meimersdorf scheiterte dieser Versuch allerdings.[314] Auch als die Kosten für die Wasserversorgung bekannt wurden, die Eigenversorgung aus dem Pionierpark sollte 548.000 DM kosten, die Versorgung durch die Stadtwerke 498.000 DM, blieb die Meinung der Gemeinde unverändert.

Die verhärteten Fronten waren unter anderem auch dadurch zu erklären, dass sowohl der Magistrat, als auch die SPD versuchten, die Gemeindevertretung zu umgehen und direkt die Bevölkerung anzusprechen. Dies sahen die Gemeindevertreter der CDU sehr kritisch. Der publizistische Schlagabtausch, der sich in der Folgezeit entwickelte, wurde im März 1961 beendet. Die Stadtwerke sicherten die Wasserversorgung von Neu-Meimersdorf auch ohne Eingemeindung zu. Allerdings musste die Gemeinde die gesamten Kosten dafür übernehmen. Für den Fall der Eingemeindung wurde aber zugesagt, dass die Kosten zurückerstattet würden. Der Rat stimmte diesem Plan am 21. Juni 1961 zu. Dadurch endeten die Verhandlungen, und bis 1966 gab es keine weiteren Initiativen für eine Eingemeindung. Danach wurden neue Wohn-, Industrie- und Gewerbegebiete in Meimersdorf geplant, wodurch die Gemeinde wieder interessant für die Stadt wurde. Deshalb wurde Meimersdorf 1969/70 nach kurzen Verhandlungen in die Stadt eingemeindet.[315]

---

312 Stadtarchiv Kiel, Nr. 36211.
313 Vgl. Kap. 6.3.
314 Stadtarchiv Kiel, Nr. 36211.
315 Gebietsneuordnungsgesetz 2, §10, Art. 1. Nun erhielten die Bürger Wasser zum günstigeren Preis, vgl.: „Wasser wurde billiger", in: Kieler Nachrichten, Nr. 98 vom 28. April 1970, S. 23 L / 3 K.

7.2.3 Moorsee

Die Vorgänge in Meimersdorf und Neu-Meimersdorf führten dazu, dass sich die Gemeindevertretung von Moorsee von Beginn an gegen eine Eingemeindung aussprach.[316] Moorsee wurde 1222 zum ersten Mal urkundlich erwähnt und gehörte lange Zeit zum Amt Kiel.[317] Unter preußischer Herrschaft war Moorsee dann ein Teil des Landkreises Kiel, bzw. Bordesholm, und ab 1932 des Landkreises Plön. 1860 siedelte sich eine Ziegelei in Moorsee an, das zu diesem Zeitpunkt 235 Einwohner hatte. Die Errichtung der Bahnstrecke Kiel-Altona hatte direkte Auswirkungen auf Poppenbrügge, das zu Moorsee gehörte, denn der Verschiebebahnhof bedeutete neue Arbeitsplätze. Zwischen dem Ersten und dem Zweiten Weltkrieg führte die Bevölkerungszunahme dazu, dass sich die Siedlung Kronsburg und die Wohnbebauung Moorsees annäherten. Nach dem Zweiten Weltkrieg hielt das Bevölkerungswachstum an, nachdem 1938 auch die Gemeinde Schlüsbek zu Moorsee gekommen war. Es entstanden zahlreiche neue Wohngebäude. Der Bau der Bundesstraße 404 nach Süden machte die Gemeinde für die Stadt Kiel attraktiv, auch wenn schon zuvor Anstrengungen unternommen worden waren, Moorsee einzugemeinden. Zum Zeitpunkt der Eingemeindung 1970 war die Zahl der Einwohner auf 873 angewachsen.

Ende der 1950er Jahre hatte Moorsee große Probleme mit der Trinkwasserversorgung, dies führte allerdings nicht, wie in Meimersdorf oder Wellsee, zur Aufnahme von Eingemeindungsverhandlungen.[318] Das Ziel des Magistrats war nicht die Eingemeindung der gesamten Gemeinde, sondern vor allem von Poppenbrügge. Im Gegensatz zu Meimersdorf bestand die Mehrheit der Gemeindeversammlung aus Einwohnern von Moorsee, die Verhandlungen grundsätzlich ablehnten. Dabei ging es weniger um die Frage, ob eine Eingemeindung von Poppenbrügge sinnvoll sei oder nicht, sondern um das Vorgehen der Stadt in Meimersdorf. Die Gemeindevertreter von Moorsee warfen der Stadt vor, die Gemeindevertretung von Meimersdorf übergangen zu haben, um direkt mit den Einwohnern von Neu-Meimersdorf zu verhandeln. Dies sollte in Moorsee keinesfalls geschehen, denn es stellte eine schwerwiegende Verletzung der politischen Gepflogenheiten dar. Dem Magistrat wurde demagogisches Verhalten vorgeworfen und Verhandlungen mit 7 zu 4 Stimmen abgelehnt.

Dies wirkte sich direkt auf die Einwohner von Kronsburg aus, denn einige Hausbesitzer im Kirschenkamp stellten fest, dass ihre Häuser nicht im Stadtgebiet von Kiel lagen. Zwar hatten sie auf Land gebaut, dass der Stadt gehörte, aber administrativ war dies ein Teil von Moorsee. 1958 lehnte die Gemeindevertretung eine Flurbereinigung ab, da die Stimmung bei den Gemeindevertretern und den Einwohnern Moorsees sehr negativ gegenüber Kiel war und so wurde auch über diesen Punkt nicht verhandelt. 1965 forderten die Bewohner erneut eine

---

316 Stadtarchiv Kiel, Nr. 36224.
317 Neupert 1964, Tillmann 2011c, Wilde 1995, S. 112, 116.
318 Stadtarchiv Kiel, Nr. 36224.

Flurbereinigung und die Ausbesserung der Straßen, aber erst mit der Eingemeindung 1970 wurden dieses Problem gelöst.

In Bezug auf Moorsee war durch den Verbandsplan Kieler Umland festgelegt worden, dass die Freiflächen in Moorsee in naher Zukunft genutzt werden sollten, ein genauer Nutzungsplan war zu diesem Zeitpunkt jedoch noch nicht erstellt worden. Es war nur klar, dass in Poppenbrügge-Süd ein neues Industriegebiet entstehen sollte. Nachdem die Eingemeindung von Moorsee bekannt geworden war, begannen die Planungen für eine schnelle Erschließung der Freiflächen neben der neuen Bundesstraße 404 als Industriegebiet. Südöstlich der Bahnlinie Kiel-Altona sollte ein neues Wohngebiet mit großstädtischer Bebauungsdichte entstehen. Durch die neuen Industriegebiete und Wohngebiete wurde das alte Dorfzentrum zunehmend eingeschnürt und die dörfliche Bebauung verschwand.[319]

7.2.4 Wellsee

Das Dorf Wellsee ist nach dem im Gemeindegebiet liegenden Wellsee benannt und wurde im Kieler Stadtbuch 1265 – 1289 erstmals urkundlich erwähnt.[320] Bis in das 19. Jahrhundert hinein gehörten verschiedene Teile des Dorfes zu unterschiedlichen Herrschaften. Ab 1867 war Wellsee zum Kreis Kiel, bzw. Bordesholm, zugehörig und ab 1932 zum Landkreis Plön. Mitte des 19. Jahrhunderts lebten 278 Personen in Wellsee, erst nach 1900 begann eine Phase des Wachstums. Das bis dahin bäuerlich geprägte Dorf wurde stetig vergrößert und hatte 1939 schließlich 528 Einwohner. Nach dem Zweiten Weltkrieg, in dem Wellsee durch Luftangriffe stark zerstört worden war, wuchs die Bevölkerung durch Flüchtlinge stark an, was zu verstärktem Wohnungsbau führte. Das 1961 auf dem Gelände der stillgelegten Kleinbahn nach Segeberg ausgewiesene Industriegebiet führte zu einem weiteren Entwicklungsschub, sodass Wellsee zum Zeitpunkt der Eingemeindung 2.221 Einwohner hatte.

In den 1950er Jahren hatte die Stadt Kiel erstmals Interesse an einer Eingemeindung Wellsees, da der Kieler Wirtschaftsraum neu geordnet werden sollte.[321] Deshalb erbat der Magistrat Ende des Jahres 1955 die Eröffnung von Eingemeindungsverhandlungen.[322] Ein Grund für diese Anfrage war die Tatsache, dass zahlreiche Werktätige aus Wellsee zur Arbeit nach Kiel pendelten.[323] Daraufhin tagte am 15. Dezember 1955 die Gemeindeversammlung, auf der sich vor allem Bürgermeister Schöttler gegen die Eingemeindung aussprach.[324] Es gab allerdings auch Einwohner von Wellsee, die für die Verhandlungen mit Kiel waren. Die von Sozialleistungen abhängigen Einwohner der Gemeinde erhielten die geringeren Regelsätze für

---

319 Wilde 1995, S. 116.
320 Rothert 2011e, Wilde 1995, S. 112-113.
321 Vgl. Kap. 6.1.
322 Stadtarchiv Kiel, Nr. 36223.
323 Vgl. Kap. 5.4 und 6.3.
324 Stadtarchiv Kiel, Nr. 36223.

ländliche Gemeinden, mussten aber in Kiel einkaufen und so die höheren städtischen Preise bezahlen, die Straßen von Wellsee waren in einem schlechten Zustand und es musste ein neues Schulgebäude gebaut werden. Diese Probleme sollten mit Hilfe der Stadt gelöst werden. Nachdem der Landkreis allerdings Hilfe beim Neubau der Schule zugesagt hatte, stimmte die Gemeindevertretung gegen Eingemeindungsverhandlungen.

Der Leiter des Referat Gebietsreform, Dr. Willing, ging dennoch 1957 davon aus, dass Wellsee binnen zwei Jahren ein Stadtteil von Kiel werden würde. Dies hing damit zusammen, dass die Gemeinde große Probleme mit der Wasserversorgung hatte und bei den Stadtwerken Kiel angefragt hatte, ob nicht eine Versorgung von Kiel aus erfolgen könnte. Die Stadtwerke waren nicht bereit, die benötigten Leitungen ohne einen Baukostenzuschuss der Gemeinde zu verlegen und der Magistrat wollte die Situation ausnutzen, um Druck auf die Gemeindevertretung auszuüben. Denn anders als von Dr. Willing vermutet, gestalteten sich die Verhandlungen zwischen Kiel und Wellsee aus verschiedenen Gründen sehr schwierig. Im August 1958 wurde bekannt, dass eine Heimchenplage[325] in Wellsee durch nicht ordnungsgemäß deponierten Müll aus Kiel in einer örtlichen Kiesgrube ausgelöst worden war. Die Kosten der Beseitigung sollte zwar der verantwortliche Unternehmer übernehmen, aber die Verhandlungsposition Kiels wurde geschwächt. Ein weiterer Streitpunkt war der für 1959 geplante Bau von 200 neuen Wohnungen in Wellsee, mit dem das Stadtplanungsamt verhindern wollte, dass Wellsee seinen Status als Schlafstadt weiter ausbaute. Um die eigenen Forderungen durchzusetzen und dennoch bei der Bevölkerung eine positive Meinung gegenüber einer Eingemeindung zu erzeugen, sollte die Wasserversorgung der Gemeinde das zentrale Thema der Eingemeindungsverhandlungen werden.

Da die Stadt sonst keine Handhabe gegen den geplanten Wohnungsbau hatte, wurde die Gemeindevertretung unter Druck gesetzt. Ohne eine Eingemeindung wären die Stadtwerke nicht in der Lage, die Gemeinde mit Wasser zu versorgen. Diese Verhandlungstaktik scheiterte daran, dass andere Streitpunkte die Verhandlungen so lange verzögerten, bis Wellsee im November 1962 ein eigenes Wasserwerk erhielt. Vor allem der Streit um die Grundstückspolitik Kiels in den Randgemeinden behinderte die Verhandlungen. Es wurden zahlreiche Grundstücke mit der Zielsetzung gekauft, diese erst in einigen Jahren zu erschließen und zu bebauen, sodass den Gemeinden dieses Bauland verloren ging. Zusätzlich wurde den Gemeindevertretern und auch den Vertretern des Landkreis Plön sehr schnell klar, dass die Stadtwerke durch den Magistrat dazu angehalten wurden, keinen Wasseranschluss zu bauen.

Durch den Bau des Industriegebiets nach 1961 entstand ein neuer Streitpunkt zwischen Kiel und Wellsee, der 1965 beigelegt werden konnte. Bis dahin hatten die Fahrzeuge, die in das Industriegebiet fahren wollten, stets durch Kronsburg fahren müssen. Da es sich dabei um eine reine Wohnsiedlung handelte, deren Straßen keineswegs für die Belastung durch größere

---

325 Heimchen (acheta domesticus), eine Heuschreckenart die in Mitteleuropa aufgrund des kühlen Klimas nur in der Nähe menschlicher Siedlungen vorkommt (vgl. zu Heuschrecken allgemein Ingrisch / Köhler 1998).

Fahrzeuge ausgelegt waren, verhängte die Stadt ein Fahrverbot für Fahrzeuge mit mehr als 7,5 Tonnen zulässigem Gesamtgewicht. Diese Maßnahme bedrohte die Existenz der im Industriegebiet ansässigen Unternehmen. Ohne die Steuereinnahmen der Unternehmen konnte Wellsee die Infrastruktur selbst nicht ausbauen, um Kronsburg zu umgehen. Diese Unternehmen sollten aus Kiel nach Wellsee umsiedeln. Das wiederum bedeutete für die Stadt einen Verlust von Steuereinnahmen, den diese nicht hinnehmen wollte. Ohne eine gemeinsame Lösung von Stadt, Gemeinde und Landkreis konnte dieser Streit nicht beigelegt werden. Durch die Eingemeindung verschwand das Problem, denn die Stadt konnte nun das Industriegebiet ausbauen, ohne den Verlust von Steuereinnahmen zu befürchten. Gleichzeitig wurde, um solchen Konflikten zwischen Kiel und den Landkreisen entgegen zu wirken, ein regionaler Planungsverband eingerichtet. Außerdem erhielt der neue Stadtteil nun Wasser von den Stadtwerken zum günstigen Tarif für Kieler Bürger.[326]

7.2.5 Rönne

Rönne wurde erstmals 1286 urkundlich erwähnt und liegt südlich des Wellsees.[327] Zunächst gehörte das Dorf zum Kloster Preetz, ab 1869 war die Gemeinde selbstständig im Landkreis Plön und kam 1938 zu Moorsee. 1871 lebten 255 Personen in Rönne, nach dem Zweiten Weltkrieg stieg diese Zahl aufgrund zahlreicher Flüchtlinge auf 432 an, sank dann in der Folgezeit wieder auf das Vorkriegsniveau.[328] Das Dorf veränderte sich im Laufe der Jahrhunderte nur wenig und die dörfliche Struktur blieb fast vollständig erhalten.[329] Erst nach dem Zweiten Weltkrieg entstand nördlich des alten Dorfkerns eine kleine Siedlung mit städtischer Bebauung. Die abgeschiedene Lage der Gemeinde westlich der Fernstraße von Kiel nach Segeberg führte dazu, dass die Stadt lange Zeit kein Interesse an der Eingemeindung Rönnes zeigte.[330] Erst durch die Verhandlungen Kiels mit den Gemeinden Meimersdorf und Wellsee über eine mögliche Eingemeindung wurden auch mit Rönne Verhandlungen eingeleitet. Dies war allerdings eine Verlegenheitslösung, da der Magistrat befürchtete, dass Rönne nach der Eingemeindung der beiden anderen Gemeinden isoliert sein würde.

Wie bei den meisten anderen Gemeinden im Kieler Umland gab es auch in Rönne starke Bedenken der örtlichen Bevölkerung gegenüber einer Eingemeindung. Besonders die Bauern fürchteten, dass die bäuerliche Lebensweise durch den Anschluss an Kiel verloren gehen würde. Der Anspruch der Stadt, die Orte Klausdorf, Suchsdorf, Kronshagen oder Russee einzugemeinden wurde zwar anerkannt, aber für Rönne sah die Gemeindevertretung diesen Anspruch nicht. Die Strukturen von Rönne und Kiel waren kaum miteinander verflochten. Den-

---

326 „Wasser wurde billiger", in: Kieler Nachrichten, Nr. 98 vom 28. April 1970, S. 23 L / 3 K.
327 Wilde 1995, S. 113-114.
328 Rothert 2011c.
329 Wilde 1995, S. 113-114.
330 Stadtarchiv Kiel, Nr. 36223.

noch wollte die Gemeindevertretung mit der Stadt verhandeln, da dies als Druckmittel gegenüber dem Landkreis Plön genutzt werden sollte, um eigene Forderungen durchsetzen zu können. Wie alle Gemeinden im südlichen Randgebiet von Kiel hatte auch Rönne in den 1950er Jahren ein großes Problem mit der Wasserversorgung und wollte entweder vom Kieler Wassernetz profitieren oder vom Landkreis Plön eine bessere Versorgung erhalten. Im April 1962 stellten die Stadtwerke klar, dass eine Versorgung über das Schlüsbeker Wassernetz möglich sei, da dieser Teil der Gemeinde Rönne bereits an das Kieler Netz angeschlossen war.

Nachdem diese Forderung der Gemeinde erfüllt worden war, endeten die Verhandlungen zwischen Rönne und Kiel und wurden auch bis zur Eingemeindung am 26. April 1970 nicht wieder aufgenommen. Den dörflichen Charakter hat die Gemeinde trotz der Bedenken der Gemeindevertretung bis heute behalten.[331] Mit 432 Einwohnern war Rönne 2009 der kleinste Kieler Stadtteil.[332]

---

331 Wilde 1995, S. 114.
332 Rothert 2011, S. 308.

8 Zusammenfassung und Ausblick

Kiel nahm als Reichskriegshafen eine Sonderstellung im Deutschen Reich ein und gehörte zu den Städten, die am stärksten vom Bevölkerungswachstum durch die Industrialisierung profitierten. Von 24.216 Einwohnern 1867 wuchs die Stadt bis 1914 auf 225.161 Einwohner (1900 waren es 107.977, ab diesem Zeitpunkt war Kiel Großstadt).[333] Kaum eine andere Stadt in Deutschland konnte solche Wachstumszahlen vorweisen. Dennoch war die Entwicklung der Eingemeindungspolitik typisch für die Zeit. 1869 wurde Brunswik eingemeindet und in den folgenden Jahrzehnten bis in die 1880er Jahre gab es zunächst keine Notwendigkeit für weitere Eingemeindungen. Westlich und südlich der Altstadt gehörten weite Bereiche des Umlandes bereits zu Kiel. Das entsprach in etwa dem heutigen Exerzierplatz, Schreventeich und Knooper Weg. Dort und in Brunswik wurden neue Wohngebiete errichtet.

Erst als der Nord-Ostsee-Kanal gebaut wurde, richtete sich das Interesse des Magistrats auf Wik, das am südlichen Ufer des Kanals lag. Dort sollte ein Freihafen errichtet werden, da bereits alle zu Kiel gehörigen Bereiche der Förde genutzt wurden. Im Zuge der Eingemeindungsverhandlungen wurde die Polizeiverwaltung Kiels mit der einiger Umlandgemeinden zusammengelegt. Damit ließ die preußische Regierung keinen Zweifel, dass weitere Eingemeindungen nur eine Frage der Zeit seien. Bei den Eingemeindungsverhandlungen mit Wik wurde Druck auf den Magistrat ausgeübt, gleichzeitig auch Gaarden-Ost einzugemeinden. Dort hatte sich ein Großteil der Werftindustrie angesiedelt und die hohe Zahl der ansässigen Arbeiter belastete die Finanzverwaltung der Gemeinde. Da aber Unterstützung durch die Reichsregierung unterblieb, wurden die Verhandlungen mit Gaarden-Ost abgebrochen. Wik konnte dennoch eingemeindet werden, nachdem die Regierung diesem Vorhaben auch ohne die Eingemeindung von Gaarden-Ost zugestimmt hatte.

1893 umfasste die Stadt das Gebiet vom Hauptbahnhof bis zum Nord-Ostsee-Kanal. Die schlechte Situation der Vorortgemeinde Gaarden-Ost wurde in den folgenden Jahren etwas besser, sodass erneut über die Eingemeindung verhandelt wurde. Voraussetzung dafür war allerdings, dass die Kaiserliche Werft jährliche Zahlungen an die Stadt leisten musste. Als Betrieb im Reichsbesitz zahlte die Werft keine Steuern an die Kommune, durch diese Einigung kompensiert werden sollte. Damit konnte das jährliche Defizit der Gemeindekasse so weit reduziert werden, dass eine Eingemeindung kein unkalkulierbares Risiko für die Stadt darstellte. Der Magistrat wollte mit dieser Eingemeindung die Entwicklung Kiels vorantreiben. Zwar hatte Gaarden-Ost zahlreiche Probleme, wie etwa unzureichende Infrastruktur und hohe Schulden, aber durch die Eingemeindung konnte die Stadt diese Probleme lösen, ohne auf die Unterstützung des Landkreises Plön angewiesen zu sein. Innerhalb weniger Jahre entstanden zahlreiche neue Wohnungen und die Straßen wurden ausgebessert. Diese Aufgabe hätte Gaarden-Ost eigenständig nicht bewältigen können. Mit der Kaiserlichen Werft und der

---

[333] Wulf 1991a, S. 208.

Gemaniawerft gehörten nun die beiden größten Betriebe an der Förde zum größten Teil zu Kiel.

Die Sorge um die weitere Entwicklung der Stadt und der Vorortgemeinden bestimmten auch die Eingemeindungen von 1910. Wie in allen Teilen Preußens in der Zeit zwischen der Jahrhundertwende und dem Ersten Weltkrieg wurden auch in Kiel zahlreiche Eingemeindungen durchgeführt. Das Hauptaugenmerk lag dabei auf den Gemeinden Gaarden-Süd und Hassee, die beide zum Kreis Bordesholm gehörten, und der Gemeinde Wellingdorf. Gaarden-Süd und Hassee waren bereits stark mit Kiel verbunden, beide Gemeinden waren in den Stübbenplan einbezogen worden und verkehrstechnisch, politisch und wirtschaftlich nach Kiel orientiert. Da der Magistrat verhindern wollte, dass Industriebetriebe aus der Stadt in diese Vorortgemeinden umziehen, hatten Gaarden-Süd und Hassee sehr gute Verhandlungspositionen. Dies nutzten die Gemeindevorsteher, um zahlreiche Vergünstigungen für die Bewohner zu erhalten. Auch Wellingdorf hatte eine gute Verhandlungsposition, da in der Gemeinde zahlreiche wertvolle Grundstücke zur Verfügung standen, auf die die Stadt Zugriff erhalten wollte. Außerdem wollte der Magistrat die Stadt bis zur Schwentine ausdehnen, um alle Zuflüsse zur Förde kontrollieren zu können.

Anders stellte sich die Situation für Hasseldieksdamm und Ellerbek dar. Im Zuge der Gespräche mit Gaarden-Süd und Hassee wurde auch mit Hasseldieksdamm verhandelt, diese Gemeinde war aber weniger lukrativ für die Stadt und konnte weniger Vorteile in den Verhandlungen erzielen. Diese Eingemeindung wurde als vorbereitende Maßnahme für die geplanten Eingemeindungen von Kronshagen und Suchsdorf betrachtet. Der Erste Weltkrieg machte diese Bemühungen aber zunächst zunichte. Ellerbek wurde eingemeindet, da dort ähnliche Probleme wie in Gaarden-Ost bestanden und Wellingdorf von Kiel aus verkehrstechnisch nur über Ellerbek erreichbar war. Da die Verhandlungsposition Ellerbeks nicht sehr gut war, konnten weniger gute Vertragsbedingungen ausgehandelt werden. Hier zeigte sich das erste Mal organisierter Widerstand der ansässigen Arbeiter. In den anderen Gemeinden gab es große Zustimmung zur Eingemeindung, z.B. auch in Gaarden-Ost.

Der Arbeiterbauverein Ellerbek fühlte sich übergangen, da die Arbeiter aufgrund des Wahlrechts keine politischen Vertreter in die Gemeindevertretung wählen konnten. Sie erfuhren also wie der Rest der Bevölkerung erst kurz vor der Eingemeindung von den konkreten Vertragsdetails. Nach der Eingemeindung stellte der Vorstand des Bauvereins fest, dass die Grundsteuer für die Gebäude in der Arbeitersiedlung deutlich erhöht werden sollte. Das führte dazu, dass sowohl der Arbeiterbauverein als auch die Bewohner ihre Steuern teilweise nicht mehr zahlen konnten. Zwar kam die Stadt den Betroffenen etwas entgegen, aber die Sonderstellung des Bauvereins war durch die Eingliederung in Kiel verloren gegangen. Der daraus entstandene Unmut hatte jedoch auch rückwirkend keinen Einfluss auf die Eingemeindung mehr.

Am 1. April 1910 wurden fünf Gemeinden nach Kiel eingemeindet[334], was bis 1970 die größte Zahl an Eingemeindungen in einem Jahr darstellte. Zu dieser Regelung war es gekommen, da die Regierung nur einen Gesetzentwurf in den Landtag einbringen wollte und vorher alle laufenden Verhandlungen abgeschlossen sein mussten. Durch den Ausbruch des Ersten Weltkriegs und die anschließende Revolution wurde diese Hochphase der Eingemeindungen in Deutschland beendet. In den 1920er Jahren wurden weniger Eingemeindungen durchgeführt, aber es gab mehrere große Projekte, wie etwa das Groß-Berlin-Gesetz oder die Neugestaltung des Ruhrgebiets. Auch die Stadt Kiel versuchte, weiter zu expandieren.

Durch den Verlust der Marine war die Stadt in eine Krise geraten, die unter anderem durch Eingemeindungen überwunden werden sollte. Holtenau und Neumühlen-Dietrichsdorf boten hierfür ideale Voraussetzungen. Während des Kaiserreichs war ein Ausgreifen der Stadt nördlich des Nord-Ostsee-Kanals untersagt worden, doch nun konnte der Magistrat Verhandlungen mit den Gemeinden im Landesteil Schleswig beginnen. In der gegenüber von Wik an der Mündung des Nord-Ostsee-Kanals gelegenen Gemeinde Holtenau konnte relativ schnell und effizient ein neuer Hafen errichtet werden, da auf dem Gelände Vossbrook schon Vorarbeiten für Hafenanlagen durchgeführt worden waren. Dieses Interesse der Stadt nutzte der Landkreis Eckernförde, um einen Teil seiner Schulden abzahlen zu lassen und die Gemeinden Friedrichsort und Pries an Kiel abzugeben, die politisch, wirtschaftlich und verkehrstechnisch kaum an den restlichen Landkreis angeschlossen waren. Zwar verlor Eckernförde so die Gewerbesteuereinnahmen der Deutschen Werke, aber im Gegenzug musste nun die Stadt Kiel die Infrastruktur vor Ort ausbauen. Die Verhandlungen mit Holtenau, Pries und Friedrichsort waren schnell abgeschlossen, die Verhandlungen mit dem Landkreis verzögerten die Eingemeindung allerdings. Letztlich wurden Teile der Schulden des Landkreises und auch einige Burgschaften von Kiel übernommen.

Im Fall von Neumühlen-Dietrichsdorf waren die Verhandlungen weniger einfach. Als die geplante Eingemeindung öffentlich bekannt wurde, demonstrierten mehrere hundert Personen auf den Straßen gegen die Eingemeindung und auch beim Landrat des Kreises Plön. Beim preußischen Innenminister sprachen Delegationen aus Neumühlen-Dietrichsdorf vor und auch die Howaldtswerke intervenierten gegen eine Eingemeindung. Gerade dieser Betrieb war es, dessen Gewerbesteuern der Magistrat nutzen wollte, um die Krise in der Stadt abzumildern. Die Eingemeindung scheiterte jedoch, da die Gemeindevertretung nach den Protesten nicht weiter verhandeln wollte. Unter der Voraussetzung, dass die Gemeinde nicht weiter verhandeln würde, boten die Howaldtswerke finanzielle Unterstützung für den Bau von dringend benötigten Wohnungen. Die schwere Krise von 1923 und die Hyperinflation veränderten die Situation allerdings drastisch. Die finanziellen Zuwendungen der Howaldtswerke waren nahezu wertlos geworden und die Gemeindevertretung war gezwungen, wieder mit Kiel zu verhandeln.

---

334 Hassee, Gaarden-Süd, Hasseldieksdamm, Ellerbek und Wellingdorf.

Die Bevölkerung war hingegen weiterhin mehrheitlich gegen die Eingemeindung, sodass der Magistrat das Verfahren möglichst soweit beschleunigen wollte, dass eine Entscheidung vor den nächsten Kommunalwahlen erfolgen konnte. Aufgrund der Krise wurden die Wahlen verschoben und in der Zwischenzeit konnte ein Eingemeindungsvertrag ausgehandelt und unterschrieben werden. Zwar wurde noch eine neue Gemeindevertretung gewählt, die sich gegen die Eingemeindung aussprach, aber das Innenministerium und der Landtag setzten sich über die Gemeinde hinweg. Somit kam Neumühlen-Dietrichsdorf trotz des starken Widerstandes der Bevölkerung 1924 zu Kiel. Aber es wurde deutlich, dass die Einwohner der Vorortgemeinden durch die Demokratisierung der Verwaltung sehr viel größeren Einfluss auf die Politik ausüben konnten als im Kaiserreich. Da Kiel selbst große Probleme hatte, war eine Eingemeindung auch nicht mehr für alle Beteiligten die automatisch beste Lösung für die Probleme der Großstädte, die Verwaltung wurde insgesamt weniger eingemeindungsfreundlich.

Zusätzlich zu dieser Entwicklung, die in den folgenden Jahrzehnten weitere Eingemeindungen deutlich erschwerte, konnten aufgrund der Weltwirtschaftskrise Ende der 1920er Jahre keine weiteren Eingemeindungen durchgeführt werden. Die Verträge mit Elmschenhagen, Russee und Kronshagen wurden von der Regierung aufgrund der Krise nicht in den Landtag eingebracht. Auch nach der Beseitigung der demokratischen Strukturen nach dem Amtsantritt von Adolf Hitler wurden wenige Eingemeindungen durchgeführt. Es gab zwar auch in der Zeit bis 1940 einige Verwaltungsprojekte, etwa das Groß-Hamburg-Gesetz von 1937, aber das waren Einzelfälle. Die Entwicklung in Kiel ist ein Beispiel für ein gescheitertes Großprojekt. Das Oberkommando der Marine wollte Elmschenhagen nach Kiel eingemeinden lassen und da zahlreiche neue Truppenstandorte in der Umgebung der Stadt entstehen sollten, wurden Pläne für eine umfassende Neuordnung des Kieler Umlandes erstellt. Oberbürgermeister Behrens wollte 17 Gemeinden mit Kiel zu Groß-Kiel vereinen, um die ehrgeizigen Pläne der Wehrmacht organisatorisch besser unterstützen zu können. Aufgrund des Ausbruchs des Zweiten Weltkriegs kamen die Pläne nicht zur Ausführung und lediglich Elmschenhagen wurde 1939 eingemeindet. In dieser Gemeinde wohnten zahlreiche Werktätige, die in Kiel arbeiteten, so dass bereits eine große Vernetzung der Stadt mit der Gemeinde vorhanden war. Diese sollte durch die Eingemeindung ausgebaut werden.

Nach dem Zweiten Weltkrieg und dem Neuaufbau demokratischer Verwaltungsstrukturen stand das Problem der Unterbringung der Flüchtlinge und Obdachlosen in der Stadt im Vordergrund. In Kiel lebten weniger Flüchtlinge als im Rest Schleswig-Holsteins, 34.632 Personen oder 14,3% der Bevölkerung im Gegensatz zu 42 % im übrigen Land, aber durch die starke Zerstörung der Stadt gab es zu wenig Wohnraum.[335] Deshalb entstanden zahlreiche Barackenlager. Nachdem die größten Probleme der unmittelbaren Nachkriegszeit überwunden waren, wollte die Stadt wieder expandieren, um Platz für neue Wohngebäude zu erhalten. Suchsdorf rückte dabei in den Fokus des Magistrats, denn dort wollte die Neue Heimat zahl-

---

335 Grieser 1991, S. 402-405.

reiche Neubauten errichten. Da die Gemeinde ohne die Unterstützung der Stadt nicht in der Lage gewesen wäre, dieses Wohnprojekt zu verwalten, war die Gemeindevertretung offen für Verhandlungen. Auch die Bevölkerung stand dem Vorhaben der Eingemeindung positiv gegenüber. Anders verhielt es sich bei den Verantwortlichen des Landkreis Eckernförde. Die weitreichenden Eingemeindungspläne der Stadt, die nicht nur Suchsdorf, sondern z.b. auch Kronshagen und Russee umfassten, wurden vom Kreistag und dem Landrat ohne weitere Verhandlungen abgelehnt.

Aufgrund des neu geschaffenen kommunalen Finanzausgleichs waren die Haushalte der Vorortgemeinden deutlich besser gestellt als die der Stadt. Es gab kaum finanzielle Anreize, die Kiel in den Verhandlungen hätte bieten können. Der wichtigste Faktor war deshalb die Unterstützung beim Bau der neuen Wohnhäuser. Nach Bitten der Gemeindevertretung stimmte der Landkreis Rendsburg letztlich sowohl den Verhandlungen als auch der Eingemeindung zu. Es gelang aber nicht, den Magistrat der Stadt davon zu überzeugen, auf weitere Eingemeindungen zu verzichten und in einen Verein für die stärkere Zusammenarbeit mit den Landkreisen in Bezug auf regionale Projekte zu involvieren. Nur aufgrund der besseren Stadtverwaltung war es gelungen, Suchsdorf von einer Eingemeindung zu überzeugen. Dies sollte auch im Fall von Schilksee und Mettenhof der Fall sein.

In Schilksee gab es 1957/58 mehrere Problemfelder, die mithilfe des Landkreises Eckernförde nicht gelöst werden konnten. Die Küste musste geschützt werden, da dort mehrere Problemstellen entstanden waren, und es gab noch Flüchtlinge in Barackenlagern, für die bislang kein Wohnraum geschaffen werden konnte. Nachdem die Stadt versprach, die Küste zu sichern und den Strand dabei zu erhalten, also keine Industrie dort anzusiedeln sowie neue Wohnungen in Friedrichsort zu errichten, stimmte die Gemeinde der Eingemeindung zu. Hier gab es wenig Widerstand aus Eckernförde oder der Gemeinde selbst. In der Gemeindevertretung stimmte nur eine Person gegen den Vertrag. Die Vertreter des Landkreises waren sich bewusst, dass Schilksee früher oder später mit Kiel verwachsen würde und konnten so die Kosten für die notwendigen Infrastrukturmaßnahmen in Schilksee sparen. Ein ähnliches Phänomen trat bei der Eingemeindung von Pries und Friedrichsort auf.

Mettenhof stellte einen besonderen Fall dar. Der Ort gehörte zur Gemeinde Melsdorf und hier hatten sich nach dem Zweiten Weltkrieg Kieler angesiedelt, die in der Stadt ihren Wohnraum verloren hatten. Das Gelände wurde von der Neuen Heimat und der KWG aufgekauft und es sollte eine neue Großwohnanlage für mehr als 20.000 Bewohner entstehen. Dazu musste Mettenhof aber nach Kiel eingemeindet werden, da Melsdorf nicht in der Lage gewesen wäre, ein so großes Projekt zu verwalten. Die Gemeinde war in der Frage der Eingemeindung gespalten. Die Melsdorfer wollten mehrheitlich die Abspaltung Mettenhofs und die Eingemeindung nach Kiel, da in Mettenhof hauptsächlich Kieler wohnten und sie den sozialen Frieden gefährdet sahen. Die Einwohner Mettenhofs dagegen wollten nicht nach Kiel zurück, sie hatten die Stadt mehrheitlich erst von wenigen Jahren verlassen und fühlten sich vom Magistrat schlecht behandelt. Die Vertreter des Landkreises Rendsburg sahen die nächste Chance, die Stadt Kiel in die regionale kommunale Arbeit einzubinden.

Melsdorf erreichte im Verlauf der Verhandlungen, die von Mitte der 1950er Jahre bis 1963 andauerten, dass der Ort von den Stadtwerken Kiel an das Versorgungssystem der Stadt angeschlossen wurde. Gleichzeitig konnte der Magistrat verhindern, dass dies zu einem Präzedenzfall für andere Gemeinden wurde und den Forderungen des Landkreises Rendsburg wurde nicht entgegen gekommen. Es kam auch im Verlauf der Eingemeindung Mettenhofs nicht zu einem kommunalen Planungsverband. In Mettenhof selber wurden die ersten Wohneinheiten ab Anfang der 1960er Jahre errichtet und der Stadtteil innerhalb weniger Jahre mit 20.000 Einwohnern zum größten Stadtteil Kiels.[336] In diesem Zusammenhang wurden auch Teile Russees eingemeindet, in den Verhandlungen mit Russee allerdings deutlich wurde, dass die Bevölkerung klar gegen eine Eingemeindung der gesamten Gemeinde war.

Ähnlich war die Situation im Süden Kiels. Die Eingemeindung der Siedlung Kronsburg war 1923 reibungslos verlaufen, da sich die Verhandlungspartner über die Notwendigkeit einig. Bis zu weiteren Verhandlungen sollten aber mehr als 30 Jahre vergehen und hier stand nicht die Wohnungsnot in der Stadt im Vordergrund, sondern die Wassernot. Sowohl in Wellsee, Moorsee, Meimersdorf und Rönne gab es in den 1950er Jahren große Probleme mit der lokalen Wasserversorgung, sodass die Stadt Kiel den Anschluss an das Netz der Stadtwerke in Aussicht stellen konnte, wenn Eingemeindungsverhandlungen begonnen würden. Dies geschah, aber auch hier wurde schnell klar, dass die Mehrzahl der Bewohner und der Gemeindevertreter gegen die Eingemeindung waren. Dies wurde unter anderem vom Landkreis Plön unterstützt. Alle Bürgermeister des Landkreises wurden aufgefordert, auf jegliche Eingemeindungsverhandlungen mit Kiel zu verzichten. Da Kiel mit der Wasserversorgung aber ein starkes Druckmittel besaß, kam es doch vereinzelt zu Verhandlungen. Besonders brisant entwickelte sich die Situation in Meimersdorf, wo es ähnlich wie in Melsdorf zwei unterschiedliche soziale Schichten gab. In Alt-Meimersdorf wohnten Bauern, in Neu-Meimersdorf Arbeiter. Der Magistrat nutzte den Wassermangel aus und verhinderte bewusst eine schnelle Wasserversorgung.

Der Konflikt zwischen diesen Orten spitzte sich Ende der 1950er Jahre zu, die Einwohner von Neu-Meimersdorf wollten sich von Meimersdorf abspalten und nach Kiel eingemeindet werden. Der Magistrat versuchte sowohl publizistisch als auch durch die Verwaltung auf die Gemeindevertreter einzuwirken, um eine Entscheidung zugunsten der Eingemeindung herbeizuführen. Dies war jedoch nicht erfolgreich und schreckte die Gemeindevertreter der übrigen Gemeinden im Süden ab. Deshalb gab die Stadt Anfang der 1960er Jahre die Versuche der Eingemeindung auf und die Stadtwerke schlossen die betroffenen Gebiet an die städtische Wasserversorgung an. Da die Infrastruktur in Richtung Süden im Verlauf der folgenden Jahre weiter ausgebaut wurde, wurden Moorsee, Rönne, Wellsee und Meimersdorf wieder attraktiv für die Stadt, hier konnten neue Gewerbe- und Wohngebiete entstehen. Deshalb wurden diese Gemeinden durch die Gebietsreform 1970 nach Kiel eingemeindet.

---

336   Mittlerweile leben 19.000 Personen in Mettenhof.

Diese Gebietsreform entstand, nachdem sich in der Bundesrepublik Deutschland die Erkenntnis durchgesetzt hatte, dass die Probleme der Städte ohne weitere Eingemeindungen nicht lösbar waren. Die Sachverständigen-Kommission nannte zwar keine konkreten Pläne für Kiel, aber der Landtag beschloss die Eingemeindung von Russee, Moorsee, Rönne, Meimersdorf und Wellsee. Es gab zum 26. April 1970 genau so viele Eingemeindungen wie zum 1. April 1910. In diesem Fall allerdings zentral vom Landtag vorgegeben und nicht durch Verhandlungen erreicht. Die Landkreise hatten kein Mitspracherecht, sodass deren grundsätzliche Ablehnung von Eingemeindungen als Mittel der Verwaltungsreform nicht berücksichtigt wurde. Die vier letztgenannten Gemeinden akzeptierten diese Entscheidung relativ schnell, in Russee bildete sich dagegen eine starke Front gegen die Eingemeindung. Bei einer Volksbefragung stimmten fast 90 % der Bewohner für einen Verbleib in der Selbstständigkeit. Trotz aller Versuche, die Umsetzung des Gesetzes zu verhindern, blieb der Widerstand der Bevölkerung dieses Mal ohne Erfolg. Es gab eine starke politische Mehrheit für die Gebietsreform im Land und die Bedenken kommunaler Entscheidungsträger und der Bevölkerung wurden übergangen.

In jeder einzelnen Epoche von den 1860er Jahren bis 1970 kann Kiel als Beispiel für die Eingemeindungspolitik in Preußen, bzw. der Bundesrepublik Deutschland angeführt werden. Nahezu archetypisch lassen sich die Eingemeindungen als Beispiel heranziehen. Werden nur Schleswig-Holstein und Hamburg betrachtet, ist Kiel die einzige Stadt, für die das zutrifft. Hamburg konnte aufgrund seiner besonderen Stellung als Stadtstaat keine Eingemeindungen durchführen, da dies andere Länder betroffen hätte. Nur das Groß-Hamburg-Gesetz bildet hier eine Ausnahme, dieses wurde allerdings in einer zentralistisch organisierten Diktatur durchgesetzt.[337] Altona wurde durch das Groß-Hamburg-Gesetz nach Hamburg eingemeindet und verlor dadurch seine Selbstständigkeit, so dass hier die Phase der Bundesrepublik in Bezug auf Eingemeindungen fehlt. Lübeck wiederum kam erst durch das Gesetz zu Schleswig-Holstein und konnte vorher, ähnlich wie Hamburg, keine Eingemeindungen durchführen. In den übrigen Städten Schleswig-Holsteins wurden nicht in allen Phasen Eingemeindungen durchgeführt, da diese Städte weniger stark wuchsen und somit weniger Notwendigkeit vorhanden war. Für die Erforschung der Kieler Stadtgeschichte sollte die Frage im Vordergrund stehen, warum einzelne Gemeinden, vor allem Kronshagen, nicht eingemeindet worden sind. Hierbei wäre zu Fragen, welche Interessengruppen sich in welchen Fällen wie positioniert haben und welchen Einfluss dies auf die Entscheidungen des Magistrats gehabt hat. Dies wäre eine Möglichkeit für weitere Forschungen.

Im größeren Zusammenhang bietet sich ein Vergleich zwischen Kiel und anderen deutschen Großstädten an, um Gemeinsamkeiten und Unterschiede herausarbeiten zu können. Dazu müssten allerdings von anderen Städten ebenfalls Überblickswerke herangezogen wer-

---

337 Eine weitere Ausnahme bildet die Insel Neuwerk, die 1969 für den Bau einen Tiefwasserhafens von Niedersachsen an Hamburg abgegeben wurde. Dieser Hafen wurde allerdings nie realisiert, die Insel gehört aber weiterhin zu Hamburg.

den, die in dieser Form kaum existieren. Ein Vergleich könnte aufzeigen, ob und wenn ja welche Städte ebenfalls eine nahezu typische Entwicklung durchlaufen haben. Dabei sollte die Frage im Vordergrund stehen, welche Städte durch ihr Wachstum ebenfalls stetig ihr Stadtgebiet erweitert haben und in welchen Phasen dies besonders häufig geschah. Dies kann auch Unterschiede zwischen der preußischen Verwaltung und der anderer Länder aufzeigen, obwohl fast zwei Drittel des Deutschen Reiches zu Preußen gehörten.

Abbildungsverzeichnis

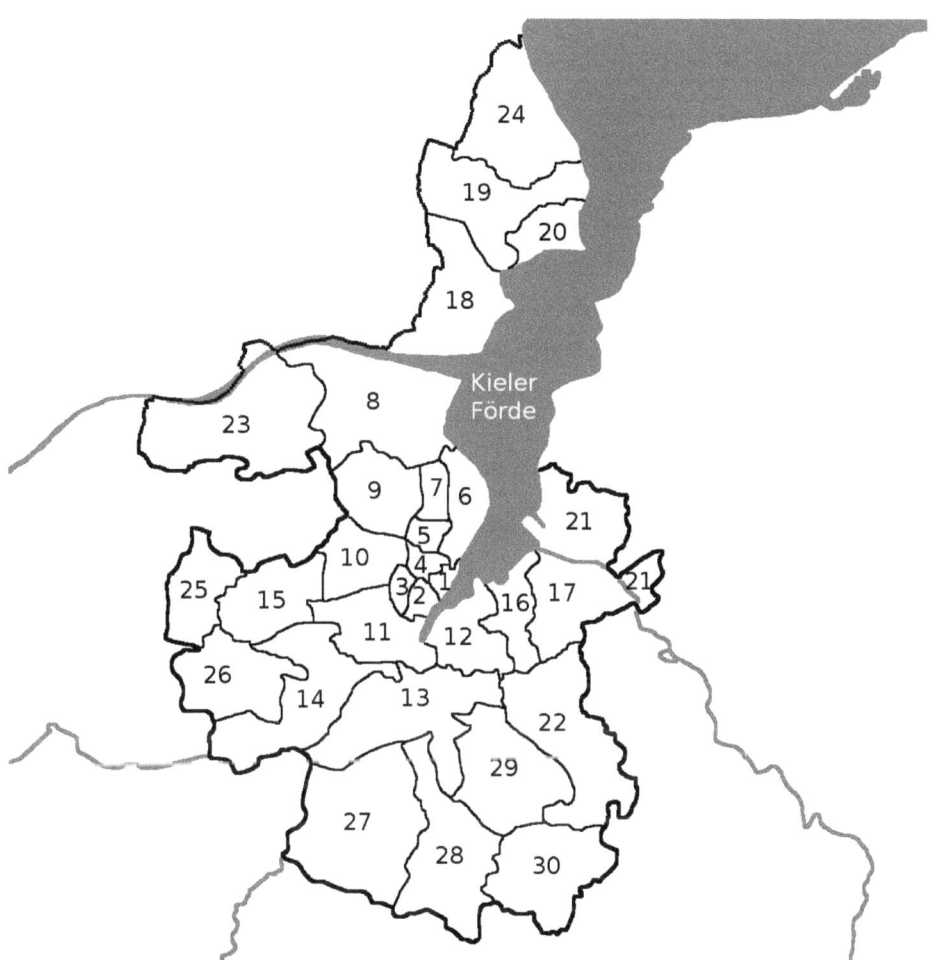

Abb. 1: Kieler Stadtteile (Aufschlüsselung der Beschriftung s. Tab. 1).

Tab. 1: Aufschlüsselung der Beschriftung von Abb. 1.

1	Altstadt	16	Ellerbek
2	Vorstadt	17	Wellingdorf
3	Exerzierplatz	18	Holtenau
4	Damperhof	19	Pries
5	Brunswik	20	Friedrichsort
6	Düsternbrook	21	Neumühlen-Dietrichsdorf
7	Blücherplatz	22	Elmschenhagen
8	Wik	23	Suchsdorf
9	Ravensberg	24	Schilksee
10	Schreventeich	25	Mettenhof
11	Südfriedhof	26	Russee
12	Gaarden-Ost	27	Meimersdorf
13	Gaarden-Süd und Kronsburg	28	Moorsee
14	Hassee	29	Wellsee
15	Hasseldieksdamm	30	Rönne

Quellenverzeichnis

Stadtarchiv Kiel

Nr. 12338. Magistrat. Eingemeindung der Landgemeinde Wik in den Stadtbezirk Kiel (1880-1888).

Nr. 12339. Magistrat. Eingemeindung der Landgemeinde Wik in den Stadtbezirk Kiel (1892-1900).

Nr. 13099. Magistrat. Eingemeindung der Landgemeinde Gaarden, Kreis Plön, in den Stadtbezirk Kiel: Stellenvermehrung anläßlich der Eingemeindung, Auflösung der Gaardener Bureaux, Verteilung der Gaardener Beamten und Verteilung der Gaardener Bureauinventarien (1901-1903).

Nr. 14002. Magistrat. Eingemeindung der Landgemeinde Gaarden, Kreis Plön, in den Stadtbezirk Kiel (1899-1900).

Nr. 14037. Magistrat. Rechtsstreit mit der Gemeinde Ellerbek über das Eigentum an den Ellerbeker Vorstrandparzellen (1900-1905).

Nr. 14058. Magistrat. Eingemeindung der Landgemeinde Gaarden, Kreis Plön, in den Stadtbezirk Kiel (1900-1901).

Nr. 25788. Städtische Polizeibehörde. Die Eingemeindung der Ortschaften Gaarden (Plön), Ellerbek (Plön), Wellingdorf, Gaarden (Kiel), Hassee und die dadurch bei der Polizeibehörde nötig gewordenen Umorganisationen (1899-1910).

Nr. 30052. Magistrat. Eingemeindung der Landgemeinde Russee (1921-1938).

Nr. 32208. Magistrat. Magistrat. Personalübernahme bei der Eingemeindung von Holtenau, Pries und Friedrichsort (1922-1923).

Nr. 32883. Magistrat. Eingemeindung Elmschenhagen (1928-1930).

Nr. 33072. Magistrat. Eingemeindung der Landgemeinde Ellerbek in den Stadtbezirk Kiel (1901-1908).

Nr. 33073. Magistrat. Eingemeindung der Landgemeinde Ellerbek in den Stadtbezirk Kiel (1908-1910).

Nr. 33077. Magistrat. Eingemeindung der Landgemeinde Hassee in den Stadtbezirk Kiel (1902-1908).

Nr. 33079. Magistrat. Eingemeindung eines Teiles des Gutsbezirks Projensdorf und Parzellen des Gemeindebezirks Holtenau (1906-1912).

Nr. 33081. Magistrat. Die Eingemeindung von Neumühlen-Dietrichsdorf (1920-1921).

Nr. 33082. Magistrat. Die Eingemeindung von Neumühlen-Dietrichsdorf (1923-1927).

Nr. 33085. Magistrat. Eingemeindung der Landgemeinde Wellingdorf in den Stadtbezirk Kiel (1907-1910).

Nr. 33088. Magistrat. Eingemeindung von Suchsdorf (1909-1922).

Nr. 33089. Magistrat. Eingemeindung von Elmschenhagen (1909-1927).

Nr. 33092. Magistrat. Eingemeindung der Landgemeinde Holtenau (1920-1922).

Nr. 33093. Magistrat. Eingemeindung der Landgemeinde Holtenau (1922-1926).

Nr. 33094. Gemeinde Holtenau. Eingemeindung (1921-1922).

Nr. 33095. Magistrat. Eingemeindung von Friedrichsort (1920-1924).

Nr. 33096. Magistrat. Eingemeindung von Friedrichsort (1921-1923).

Nr. 33097. Magistrat. Eingemeindung der Landgemeinde Pries, Kr. Eckernförde (1920-1940).

Nr. 33100. Magistrat. Eingemeindung der Eigenheim-Ansiedlung Kronsburg, e.G.m.b.H., Wellsee (1921-1934).

Nr. 33102. Magistrat. Die Auseinandersetzung mit dem Kreis Bordesholm über die Eingemeindung Neumühlen-Dietrichsdorf (1923-1929).

Nr. 33519. Steueramt. Eingemeindung Neumühlen-Dietrichsdorf (1923-1924).

Nr. 33677. Hauptamt. Eingemeindung Elmschenhagen (1938-1939).

Nr. 36210. Amt für Entwicklungsplanung, Referat Gebietsreform. Gespräche über die geplante Eingemeindung der Gemeinde Meimersdorf, Krs. Plön (1955-1960).

Nr. 36211. Amt für Entwicklungsplanung, Referat Gebietsreform. Gespräche über die geplante Eingemeindung der Gemeinde Meimersdorf, Kreis Plön (1960-1968).

Nr. 36216. Amt für Entwicklungsplanung, Referat Gebietsreform. Eingemeindungsfragen und -probleme mit dem Kreis Rendsburg (1956-1957).

Nr. 36219. Amt für Entwicklungsplanung, Referat Gebietsreform. Eingemeindung von Schilksee, 1.4.1959 (1948-1957).

Nr. 36220. Amt für Entwicklungsplanung, Referat Gebietsreform. Eingemeindung von Schilksee (1957-1958).

Nr. 36221. Amt für Entwicklungsplanung, Referat Gebietsreform. Eingemeindung von Schilksee (1958-1959).

Nr. 36223. Amt für Entwicklungsplanung, Referat Gebietsreform. Vorbereitungen zur Eingemeindung von Rönne und Wellsee (Krs. Plön) (1955-1970).

Nr. 36224. Amt für Entwicklungsplanung, Referat Gebietsreform. Vorbereitungen zur Eingemeindung von Moorsee, Krs. Plön (1955-1969).

Nr. 36228. Amt für Entwicklungsplanung, Referat Gebietsreform. Eingemeindung der Gemeinde Suchsdorf (1.4.1958) (1958-1971).

Nr. 36231. Amt für Entwicklungsplanung, Referat Gebietsreform. Grenzänderungs- (Eingemeindungs-)gespräche mit der Gemeinde Melsdorf (Ortsteil Mettenhof) (1937-1961).

Nr. 36249. Amt für Entwicklungsplanung, Referat Gebietsreform. Eingemeindungsverhandlungen mit der Gemeinde Russee (1965-1972).

Nr. 36290. Amt für Entwicklungsplanung, Referat Gebietsreform. Sonderausschuss Gebietsreform (1959-1962).

Nr. 37325. Hauptamt. Verträge, Haushalte zur Eingemeindung der Gemeinden: Gaarden 1906-1909; Hassee 1905-1909; Hasseldieksdamm 1908-1909; Ellerbek 1908; Wellingdorf 1908-1910 (1905-1910).

Nr. 45935. Stadtplanungsamt. Vorbereitungen zur Gebietsreform in Melsdorf und Mettenhof und zur Eingemeindung eines Teils der Gemeinde Melsdorf (1956- 1962).

Nr. 48361. Sozialamt. Abrechnung Versorgungsheim Neumühlen-Dietrichsdorf (1923- 1938).

Nr. 52538. Kämmerei- und Steueramt. Eingemeindung von Suchsdorf (1955-1958).

Nr. 55552: Tiefbauamt. Eingemeindung von Hasseldieksdamm: Vertragsverletzungen (1961).

Nr. 66493. Sekretariat Oberbürgermeister. Reden von Oberbürgermeister Luckhardt: September 1983 - Oktober 1984, R - Z (19831984).

Nr. 68914. Stadtplanungsamt. Aufbauplan 6: Übernahme des Aufbauplans der Gemeinde Schilksee nach der Eingemeindung; Änderung (1959-1962).

Nr. 70635. Amt für Vertriebene, Flüchtlinge und Kriegsgeschädigte. 6. Barackenräumungsprogramm: Allgemeines, Lager Julienlust, Solomit, Scheer, Schilksee (1959-1961).

Zeitungsartikel

„Suchsdorf gehört zu Kiel", in: Kieler Nachrichten, Nr. 77 vom 1. April 1958, 3.

„Kieler Farben über Suchsdorf", in: Kieler Nachrichten, Nr. 78 vom 2. April 1958, 3.

„Ab heute heißt es Kiel-Schilksee", in: Kieler Nachrichten, Nr. 75 vom 1. April 1959, 3.

„Große Veränderungen an Kiels Peripherie", in: Kieler Nachrichten, Nr. 242 vom 16. Oktober 1964, 5.

„Mettenhof – größte Baustelle Europas", in: Kieler Nachrichten, Nr. 270 vom 18. November 1964, 5.

„Zur Olympiade hat Kiel sein Manhattan", in: Kieler Express, Nr. 4 vom 23. Januar 1969, 1.

„In Russee gab es einen Kräuterlikör", in: Kieler Nachrichten, Nr. 97 vom 27. April 1970, 3.

„Wasser wurde billiger", in: Kieler Nachrichten, Nr. 98 vom 28. April 1970, 23 L / 3 K.

Literaturverzeichnis

Arbeiterbauverein 1911: Der Vorstand des Arbeiterbauvereins e.G.m.b.H.: Der Arbeiterbauverein Ellerbek e.G.m.b.H. Nach der Eingemeindung an Kiel (Kiel 1911).

Bartels 2000: Robert Bartels: Beitrag zur Russeer Geschichte – Die SPD Russee (Kiel 2000).

Bernstein 2010: Axel Bernstein: Die Gebietsreform in Schleswig-Holstein – Die Neugliederung der Kreise in den 1960er und 1970er Jahren (Bielefeld 2010).

Bracker 2000: Jochen Bracker: „Kiel (Amt)", in: Schleswig-Holstein Lexikon (Neumünster 2000), S. 270-271.

Buß 1996: Dirka Buß: Stadterweiterungen in der Kaiserzeit in Kiel – Administrative Planung und gesellschaftliche Aneignung. Univ. Mag. Kiel 1996.

Casper 1952: Willy Casper: Hasseldieksdamm im Wandel der Zeiten (Mitteilungen der Gesellschaft für Kieler Stadtgeschichte 42, 1952) S. 7-11.

Clausen 1960: Otto Clausen: Geschichte der Wik und ihrer Bewohner (Mitteilungen der Gesellschaft für Kieler Stadtgeschichte 50, 1960).

Dall'Asta 1993: Dorothée Dall'Asta: Der Stadtteil Suchsdorf, in: Reinhard Stewig (Hrsg.): Lebensqualität und Heimatgefühl in Kiel – Stadtteiluntersuchungen zu Brunswik, Exerzierplatz/Damperhof, Blücherplatz, Ellerbek, Schreventeich, Suchsdorf und Mettenhof (Kiel 1993), S. 220-262.

Detlefsen 1978: Nicolaus Detlefsen: Die Kieler Stadtteile nördlich des Kanals – Holtenau, Pries, Friedrichsort, Schilksee (Neumünster 1978).

Dopheide 2011 a: Renate Dopheide: „Friedenswirtschaft", in: Kiel Lexikon (Neumünster 2011), S. 107-108.

Dopheide 2011 b: Renate Dopheide: „MaK", in: Kiel Lexikon (Neumünster 2011), S. 222-223.

Erlenbusch 2011 a: Timo Erlenbusch: „Bürgermeister", in: Kiel Lexikon (Neumünster 2011), S. 51-53.

Erlenbusch 2011 b: Timo Erlenbusch: „Müthling, Hans", in: Kiel Lexikon (Neumünster 2011), S. 247.

Fleischhauer 1987 – 1991: Jürgen Fleischhauer: Kieler Raumprobleme und Gebietsreform (Mitteilungen der Gesellschaft für Kieler Stadtgeschichte 73, 1987 – 1991), S. 266-287.

Fraenkel 1974: Ernst Fraenkel: Der Doppelstaat (Frankfurt 1974).

Franz 1955: Werner Franz: Einführung und erste Jahre der preussischen Verwaltung in Schleswig-Holstein (Dissertation, Kiel 1955).

Gebietsneuordnungsgesetz 1: Drucksache 6 / 472: Erstes Gesetz einer Neuordnung von Gemeinde- und Kreisgrenzen sowie Gerichtsbezirken. Vom 22.4.1969, Gesetz- und Verordnungsblatt Schleswig-Holstein 1969, Nr. 7, S. 60-61.

Gebietsneuordnungsgesetz 2: Drucksache 6 / 495: Zweites Gesetz einer Neuordnung von Gemeinde- und Kreisgrenzen sowie Gerichtsbezirken. Vom 23.12.1969, Gesetz- und Verordnungsblatt Schleswig-Holstein 1969, Nr. 21, S. 280-288.

Gebietsneuordnungsgesetz 3: Drucksache 7 / 570: Drittes Gesetz einer Neuordnung von Gemeinde- und Kreisgrenzen (Drittes Gebietsneuordnungsgesetz). Vom 3.7.1973, Gesetz- und Verordnungsblatt Schleswig-Holstein 1973, Nr. 16, S. 268-269.

Gebietsneuordnungsgesetz 4: Drucksache 7 / 573: Viertes Gesetz einer Neuordnung von Gemeinde- und Kreisgrenzen (Viertes Gebietsneuordnungsgesetz). Vom 15.11.1973, Gesetz- und Verordnungsblatt Schleswig-Holstein 1973, Nr. 22, S. 384-386.

Geckeler 2011 a: Christa Geckeler: „Fuß, Paul", in: Kiel Lexikon (Neumünster 2011), S. 108-109.

Geckeler 2011 b: Christa Geckeler: „Gayk, Andreas", in: Kiel Lexikon (Neumünster 2011), S. 113.

Geckeler 2011 c: Christa Geckeler: „Lueken, Emil Heinrich Wilhelm", in: Kiel Lexikon (Neumünster 2011), S. 219.

Grieser 1991: Helmut Grieser: Wiederaufstieg aus Trümmern (1945 bis in die Gegenwart), in: Jürgen Jensen / Peter Wulf (Hrsg.): Geschichte der Stadt Kiel (Neumünster 1991), S. 401-456.

Grönhoff 1964: Johann Grönhoff: Hassee (Mitteilungen der Gesellschaft für Kieler Stadtgeschichte 54, 1964).

Grunwald 1971: Klaus-Dieter Grunwald: Die Provinzialverwaltung und ihre Organe in der preußischen Provinz Schleswig-Holstein 1867 bis 1945 – Ein Überblick über die provinzielle Selbstverwaltung in Schleswig-Holstein (Dissertation, Kiel 1971).

Hauser 1967: Oswald Hauser: Staatliche Einheit und regionale Vielfalt in Preußen – Der Aufbau der Verwaltung in Schleswig-Holstein nach 1867 (Neumünster 1967).

Hennings 1987: Burkhard von Hennings: 50 Jahre Groß-Hamburg-Gesetz 1937-1987 (Bad Oldesloe 1987).

Hübner 1985: Hans Hübner: Düsternbrook und das Düvelsbeker Gehölz, in: Jürgen Jensen (Hrsg.): Reprints zur Kieler Stadtteilgeschichte, Band 3 (Kiel 1985), II / S. 1-18.

Hübner 2011: Eckhard Hübner: „Lohse, Hinrich", in: Kiel Lexikon (Neumünster 2011), S. 216- 217.

Ingrisch / Köhler 1998: Sigfrid Ingrisch, Günter Köhler: Die Heuschrecken Mitteleuropas (Magdeburg 1998).

Innenminister 1968: Der Innenminister des Landes Schleswig-Holstein (Hrsg.): Sachverständigen- Gutachten zur lokalen und regionalen Verwaltungsneuordnung in Schleswig-Holstein (Köln 1968).

Jablonksi 1993: Gerd Jablonski: Der Stadtteil Mettenhof, in: Reinhard Stewig (Hrsg.): Lebensqualität und Heimatgefühl in Kiel – Stadtteiluntersuchungen zu Brunswik, Exerzierplatz/Damperhof, Blücherplatz, Ellerbek, Schreventeich, Suchsdorf und Mettenhof (Kiel 1993), S. 263-303.

Jensen 1974: Jürgen Jensen (Hrsg.): Andreas Gayk und seine Zeit 1893-1954 – Erinnerungen an den Kieler Oberbürgermeister (Neumünster 1974).

Jensen 1978: Jürgen Jensen: Kiel im Kaiserreich. Das Erscheinungsbild der Marinestation an der Ostsee 1871 – 1918 (Neumünster 1978).

Jensen 2011: Jürgen Jensen: „Levensauer Hochbrücke", in: Kiel Lexikon (Neumünster 2011), S. 213-214.

Jochimsen u.a. 1969: Reimut Jochimsen / Peter Knobloch / Peter Treuner: Grundsätze der Landesplanung der Gebietsreform in Schleswig-Holstein (Kiel 1969).

Kaufhold 2011 a: Holger Kaufhold: „Altona-Kieler-Eisenbahngesellschaft", in: Kiel Lexikon (Neumünster 2011), S. 13-14.

Kaufhold 2011 b: Holger Kaufhold: „Hein Schönberg", in: Kiel Lexikon (Neumünster 2011), S. 143.

Killisch / Stewig 1983: Winfried Killisch / Reinhard Stewig: Gaarden – Entwicklung , Struktur und Sanierungsprobleme eines Kieler Arbeiterviertels, in: Jürgen Bähr (Hrsg.): Kiel 1879-1979. Entwicklung von Stadt und Umland im Bild der Topographischen Karte 1 : 25.000. Zum 32. Deutschen Kartographentag vom 11. bis 14. Mai 1983 in Kiel (Kiel 1983), S. 81-98.

Kramper 2008: Peter Kramper: Unternehmenspolitik und Unternehmensentwicklung im gewerkschaftlichen Wohnungs- und Städtebau 1950-1982 (Stuttgart 2008).

Krumeich 2001: Gerd Krumeich (Hrsg.): Versailles 1919: Ziele – Wirkung – Wahrnehmung (Essen 2001).

Kühl 1967: Johann Kühl: Russee . Eine Dorfchronik (Russee 1967).

Lehmann 2011: Sebastian Lehmann: „Behrens, Walter Ernst Hartwig", in: Kiel Lexikon (Neumünster 2011), S. 34-35.

Leisner 1985: Max Leisner: Der Flecken Brunswik, in: Jürgen Jensen (Hrsg.): Reprints zur Kieler Stadtteilgeschichte, Band 3 (Kiel 1985), I / S. 1-32.

Lorenzen-Schmidt 2000: Klaus-Joachim Lorenzen-Schmidt: „Preetz (PLÖ)", in: Schleswig-Holstein Lexikon (Neumünster 2000), S. 416-417.

Loschelder / Storck / Mäding 1952: Wilhelm Loschelder / Hans Storck / Erhard Mäding: Gutachten über die Raumprobleme der Stadt Kiel (Kiel 1952).

Maass 1993 a: Sabine Maass: Der Stadtteil Brunswik, in: Reinhard Stewig (Hrsg.): Lebensqualität und Heimatgefühl in Kiel – Stadtteiluntersuchungen zu Brunswik, Exerzierplatz/Damperhof, Blücherplatz, Ellerbek, Schreventeich, Suchsdorf und Mettenhof (Kiel 1993), S. 27-71.

Maass 1993 b: Sabine Maass: Der Stadtteil Ellerbek, in: Reinhard Stewig (Hrsg.): Lebensqualität und Heimatgefühl in Kiel – Stadtteiluntersuchungen zu Brunswik, Exerzierplatz/Damperhof, Blücherplatz, Ellerbek, Schreventeich, Suchsdorf und Mettenhof (Kiel 1993), S. 139-180.

Majer 1987: Diemut Majer: Grundlagen des nationalsozialistischen Rechtssystems. Führerprinzip, Sonderrecht, Einheitspartei (Stuttgart / Berlin / Köln / Mainz 1987).

Mehlhorn 2011: Dieter-Jürgen Mehlhorn: „Kieler Wohnungsbaugesellschaft (KWG)", in: Kiel Lexikon (Neumünster 2011), S. 182.

Mitteilungen 1937: Gesellschaft für Kieler Stadtgeschichte (Hrsg.): Das alte Ellerbek (Mitteilungen der Gesellschaft für Kieler Stadtgeschichte 40, 1937).

Neupert 1964: Karl Neupert: Die Grosstadt-Randgemeinde am Beispiel des Amtes Moorsee (Kiel 1964).

Ostersehlte 1999-2003: Christian Ostersehlte: Die Werft von Georg Howaldt in Ellerbek – Die Vorläuferin der HDW (Mitteilungen der Gesellschaft für Kieler Stadtgeschichte 80, 1999 – 2003), S. 193-215.

Ostersehlte 2011 a: Christian Ostersehlte: „Deutsche Werke", in: Kiel Lexikon (Neumünster 2011), S. 67-68.

Ostersehlte 2011 b: Christian Ostersehlte: „Germaniawerft", in: Kiel Lexikon (Neumünster 2011), S. 116-117.

Ostersehlte 2011 c: Christian Ostersehlte: „HDW", in: Kiel Lexikon (Neumünster 2011), S. 166-167.

Ostersehlte 2011 d: Christian Ostersehlte: „Kaiserliche Werft", in: Kiel Lexikon (Neumünster 2011), S. 166-167.

Ostersehlte 2011 e: Christian Ostersehlte: „Sartori, August Anton Heinrich", in: Kiel Lexikon (Neumünster 2011), S. 312.

Rosenplänter 2011 a: Johannes Rosenplänter: „Brunswik", in: Kiel Lexikon (Neumünster 2011), S. 48- 49.

Rosenplänter 2011 b: Johannes Rosenplänter: „Elmschenhagen", in: Kiel Lexikon (Neumünster 2011), S. 85.

Rosenplänter 2011 c: Johannes Rosenplänter: „Friedrichsort", in: Kiel Lexikon (Neumünster 2011), S. 108.

Rosenplänter 2011 d: Johannes Rosenplänter: „Hassee", in: Kiel Lexikon (Neumünster 2011), S. 137.

Rosenplänter 2011 e: Johannes Rosenplänter: „Hasseldieksdamm", in: Kiel Lexikon (Neumünster 2011), S. 137-138.

Rosenplänter 2011 f: Johannes Rosenplänter: „Holtenau", in: Kiel Lexikon (Neumünster 2011), S. 152- 153.

Rosenplänter 2011 g: Johannes Rosenplänter: „Kieler Verkehrsgesellschaft mbh (KVG)", in: Kiel Lexikon (Neumünster 2011), S. 222-223.

Rosenplänter 2011 h: Johannes Rosenplänter: „Kronsburg", in: Kiel Lexikon (Neumünster 2011), S. 199.

Rosenplänter 2011 i: Johannes Rosenplänter: „Olympiazentrum", in: Kiel Lexikon (Neumünster 2011), S. 270.

Rosenplänter 2011 k: Johannes Rosenplänter: „Pries", in: Kiel Lexikon (Neumünster 2011), S. 291-292.

Rosenplänter 2011 l: Johannes Rosenplänter: „Schilksee", in: Kiel Lexikon (Neumünster 2011), S. 317- 318.

Rosenplänter 2011 m: Johannes Rosenplänter: „Straßenbahn", in: Kiel Lexikon (Neumünster 2011), S. 366-367.

Rosenplänter 2011 n: Johannes Rosenplänter: „Wellingdorf", in: Kiel Lexikon (Neumünster 2011), S. 405.

Rothert 2011 a: Hans-Friedrich Rothert: „Mettenhof", in: Kiel Lexikon (Neumünster 2011), S. 238- 239.

Rothert 2011 b: Hans-Friedrich Rothert: „Suchsdorf", in: Kiel Lexikon (Neumünster 2011), S. 371- 372.

Rothert 2011 c: Hans-Friedrich Rothert: „Rönne", in: Kiel Lexikon (Neumünster 2011), S. 308.

Rothert 2011 d: Hans-Friedrich Rothert: „Russee", in: Kiel Lexikon (Neumünster 2011), S. 310.

Rothert 2011 e: Hans-Friedrich Rothert: „Wellsee", in: Kiel Lexikon (Neumünster 2011), S. 405- 406.

Rothert 2011 f: Hans-Friedrich Rothert: „Projensdorf", in: Kiel Lexikon (Neumünster 2011), S. 295.

Salewski 1991: Michael Salewski: Kiel und die Marine, in: Jürgen Jensen / Peter Wulf (Hrsg.): Geschichte der Stadt Kiel (Neumünster 1991), S. 272-286.

Salewski 1999: Michael Salewski: Alfred von Tirpitz. Aufstieg – Macht – Scheitern (Braunschweig u.a. 1999).

Scherreiks 2011 a: Sandra Scherreiks: „Dietrichsdorf", in: Kiel Lexikon (Neumünster 2011), S. 68-69.

Scherreiks 2011 b: Sandra Scherreiks: „Gaarden", in: Kiel Lexikon (Neumünster 2011), S. 109-110.

Scherreicks 2011 c: Sandra Scherreiks: „Howaldtsche Metallgießerei", in: Kiel Lexikon (Neumünster 2011), S. 139-141.

Scherreiks 2011 d: Sandra Scherreiks: „Neumühlen", in: Kiel Lexikon (Neumünster 2011), S. 256.

Scheuner 1981: Ulrich Scheuner: Voraussetzungen der kommunalen Gebietsreform, in: Georg- Christoph von Unruh / Werner Thieme / Ulrich Scheuner (Hrsg.): Die Grundlagen der kommunalen Gebietsreform (Baden Baden 1981), S. 57-127.

Schütt 1999: Burkhard Schütt: Das alte Russee. Aus der Geschichte eines Dorfes an der Kiel-Rendsburger Landstraße (Kiel 1999).

Sievers 1978: Kai Detlev Sievers: Genossenschaftliches Bauen und Wohnen in der wilhelminischen Zeit. Der „Ellerbeker Arbeiterbauverein" - eine sozialpolitische Maßnahme des Bürgertums (Kieler Blätter zur Volkskunde X, 1978), S. 83-131.

Sievers 2011: Kai Detlev Sievers: „Düsternbrook", in: Kiel Lexikon (Neumünster 2011), S. 70- 71.

Spielvogel / Schöneich 1997: Georg Spielvogel / Gerd Schöneich: Pries-Friedrichsort (Altenholz 1997).

Stadtteile 3: Rolf Reiner Maria Borchard / Ekkehard Buchhofer: Kieler Stadtteile – Band 3. Von Holtenau bis Schilksee (Kiel 2008).

Stadtteile 5: Rolf Reiner Maria Borchard / Ekkehard Buchhofer: Kieler Stadtteile – Band 5. Der Kieler Stadtrand im Westen und Süden (Kiel 2009).

Steffen 1984: Paul Steffen (Hrsg.): Amt und Kreis Bordesholm – 1566-1932 (Berichte zur Ausstellung „Das alte Amt und der frühere Kreis Bordesholm", 23.8.-2.9.1984 im alten Kreishaus Bordesholm) (Bordesholm 1984).

Stolz 1985: Gerd Stolz: Der alte Eiderkanal. Schleswig-Holsteinischer Kanal (Heide 1985).

Stolz 1996: Gerd Stolz: Die Schleswig-Holsteinische Erhebung – Die nationale Auseinandersetzung in und um Schleswig-Holstein 1848/51 (Husum 1996).

Stolz 2010: Gerd Stolz: Das deutsch-dänische Schicksalsjahr 1864 – Ereignisse und Entwicklungen (Husum 2010).

Strauß 2000: Katrin Strauß: Verstädterung am Beispiel der Eingemeindungen Kiels von 1869-1939 (Magisterarbeit, Kiel 2000).

Thieme 1981: Werner Thieme: Grundzüge der kommunalen Gebietsentwicklung von 1815 bis 1965, in: Georg-Christoph von Unruh / Werner Thieme / Ulrich Scheuner (Hrsg.): Die Grundlagen der kommunalen Gebietsreform (Baden Baden 1981), S. 45-55.

Tillmann 2004-2006: Doris Tillmann: Das alte Ellerbek – Geschichte und Legende eines Fischerdorfes (Mitteilungen der Gesellschaft für Kieler Stadtgeschichte 82, 2004-2006). S. 1-72.

Tillmann 2011 a: Doris Tillmann: „Ellerbek", in: Kiel Lexikon (Neumünster 2011), S. 83-84.

Tillmann 2011 b: Doris Tillmann: „Meimersdorf", in: Kiel Lexikon (Neumünster 2011), S. 236-237.

Tillmann 2011 c: Doris Tillmann: „Moorsee", in: Kiel Lexikon (Neumünster 2011), S. 243-244.

Toaspern 1950: Paul Adolf Toaspern: Die Einwirkungen des Nord-Ostsee-Kanals auf die Siedlungen und Gemarkungen seines Zerschneidungsbereichs (Kiel 1950).

Unruh 1981: Georg-Christoph von Unruh: Entstehung, Entwicklungen und Veränderungen des Gebietes der kommunalen Körperschaften, in: Georg-Christoph von Unruh / Werner Thieme / Ulrich Scheuner (Hrsg.): Die Grundlagen der kommunalen Gebietsreform (Baden Baden 1981), S. 11-44.

Wassermann 2008: Jens Wassermann: Die Region Hannover – Regionale Kooperation vor dem Hintergrund einer institutionalisierten Gebietskörperschaft (Saarbrücken 2008).

Weber-Karge 1991-1994: Ulrike Weber-Karge: Wohnungsbau in Gaarden 1880 – 1950. Zwischen Mietskaserne und Kleinsiedlungshaus (Mitteilungen der Gesellschaft für Kieler Stadtgeschichte 77, 1991-1994), S. 3-25.

Wendt 2011: Stefan Wendt: „Wik", in: Kiel Lexikon (Neumünster 2011), S. 412-413.

Wette 1991: Wolfram Wette: Die Revolution in Kiel 1918, in: Jürgen Jensen / Peter Wulf (Hrsg.): Geschichte der Stadt Kiel (Neumünster 1991), S. 287-294.

Wilde 1995: Lutz Wilde: Denkmaltopographie Landeshauptstadt Kiel (Neumünster 1995).

Wulf 1991 a: Peter Wulf: Kiel wird Großstadt (1867 – 1918), in: Jürgen Jensen / Peter Wulf (Hrsg.): Geschichte der Stadt Kiel (Neumünster 1991), S. 207-271.

Wulf 1991 b: Peter Wulf: Die Stadt auf der Suche nach ihrer neuen Bestimmung (1918-1933), in: Jürgen Jensen / Peter Wulf (Hrsg.): Geschichte der Stadt Kiel (Neumünster 1991), S. 303-358.

Wulf 1991 c: Peter Wulf: Die Stadt in der nationalsozialistischen Zeit (1933-1945), in: Jürgen Jensen / Peter Wulf (Hrsg.): Geschichte der Stadt Kiel (Neumünster 1991), S. 359-400.

Verwaltungsbericht 1886-1891: Bericht über die Verwaltung und den Stand der Gemeindeangelegenheiten der Stadt Kiel in der Zeit vom 1. April 1886-bis ult. März 1891 (Kiel 1892).

Verwaltungsbericht 1891-1896: Bericht über die Verwaltung und den Stand der Gemeindeangelegenheiten der Stadt Kiel in der Zeit vom 1. April 1891-bis ult. März 1896 (Kiel 1898).

Verwaltungsbericht 1896-1901: Bericht über die Verwaltung und den Stand der Gemeindeangelegenheiten der Stadt Kiel in der Zeit vom 1. April 1896-bis 31. März 1901 (Kiel 1902).

Verwaltungsbericht 1901-1906: Bericht über die Verwaltung und den Stand der Gemeindeangelegenheiten der Stadt Kiel in der Zeit vom 1. April 1901-bis 31. März 1906 (Kiel 1907).

Verwaltungsbericht 1906-1911: Bericht über die Verwaltung und den Stand der Gemeindeangelegenheiten der Stadt Kiel in der Zeit vom 1. April 1906-bis 31. März 1911 (Kiel 1912).

Voerde / Lorenz / Otto o.J.: Gustav Voerde / August Lorenz / Karl Otto: Alt-Gaarden (Kiel o.J.).

KIELER WERKSTÜCKE

Reihe A: Beiträge zur schleswig-holsteinischen und skandinavischen Geschichte
Hrsg. von Oliver Auge

Band 1 Kai Fuhrmann: Die Auseinandersetzung zwischen königlicher und gottorfischer Linie in den Herzogtümern Schleswig und Holstein in der zweiten Hälfte des 17. Jahrhunderts. 1990.

Band 2 Ralph Uhlig (Hrsg.): Vertriebene Wissenschaftler der Christian-Albrechts-Universität zu Kiel (CAU) nach 1933. Zur Geschichte der CAU im Nationalsozialismus. Eine Dokumentation, bearbeitet von Uta Cornelia Schmatzler und Matthias Wieben. 1991.

Band 3 Carsten Obst: Der demokratische Neubeginn in Neumünster 1947 bis 1950 anhand der Arbeit und Entwicklung des Neumünsteraner Rates. 1992.

Band 4 Thomas Hill: Könige, Fürsten und Klöster. Studien zu den dänischen Klostergründungen des 12. Jahrhunderts. 1992.

Band 5 Rüdiger Wurr / Udo Gerigk / Uwe Törper / Alfred Sielken: Türkische Kolonie im Wandel. Ausländersozialarbeit und Ausländerpädagogik in Schleswig-Holstein (Bandhrsg.: Kai Fuhrmann und Ralph Uhlig). 1992.

Band 6 Torsten Mußdorf: Die Verdrängung jüdischen Lebens in Bad Segeberg im Zuge der Gleichschaltung 1933-1939 (Bandhrsg.: Kai Fuhrmann und Ralph Uhlig).1992.

Band 7 Thorsten Afflerbach: Der berufliche Alltag eines spätmittelalterlichen Hansekaufmanns. Betrachtungen zur Abwicklung von Handelsgeschäften. 1993.

Band 8 Ralph Uhlig: *Confidential Reports* des Britischen Verbindungsstabes zum Zonenbeirat der britischen Besatzungszone in Hamburg (1946-1948). Demokratisierung aus britischer Sicht. 1993.

Band 9 Broder Schwensen: Der Schleswig-Holsteiner-Bund 1919-1933. Ein Beitrag zur Geschichte der nationalpolitischen Verbände im deutsch-dänischen Grenzland. 1993.

Band 10 Matthias Wieben: Studenten der Christian-Albrechts-Universität im Dritten Reich. Zum Verhaltensmuster der Studenten in den ersten Herrschaftsjahren des Nationalsozialismus. 1994.

Band 11 Volker Henn / Arnved Nedkvitne (Hrsg.): Norwegen und die Hanse. Wirtschaftliche und kulturelle Aspekte im europäischen Vergleich. 1994.

Band 12 Jürgen Hartwig Ibs: Die Pest in Schleswig-Holstein von 1350 bis 1547/48. Eine sozialgeschichtliche Studie über eine wiederkehrende Katastrophe. 1994.

Band 13 Martin Höffken: Die "Kieler Erklärung" vom 26. September 1949 und die "Bonn-Kopenhagener Erklärungen" vom 29. März 1955 im Spiegel deutscher und dänischer Zeitungen. Regierungserklärungen zur rechtlichen Stellung der dänischen Minderheit in Schleswig- Holstein in der öffentlichen Diskussion. 1994.

Band 14 Erich Hoffmann / Frank Lubowitz (Hrsg.): Die Stadt im westlichen Ostseeraum. Vorträge zur Stadtgründung und Stadterweiterung im Hohen Mittelalter. Teil 1 und 2. 1995.

Band 15 Claus Ove Struck: Die Politik der Landesregierung Friedrich Wilhelm Lübke in Schleswig-Holstein (1951-1954). 1997.

Band 16 Hannes Harding: Displaced Persons (DPs) in Schleswig-Holstein 1945-1953. 1997.

Band 17 Olav Vollstedt: Maschinen für das Land. Agrartechnik und produzierendes Gewerbe Schleswig-Holsteins im Umbruch (um 1800-1867). 1997.

Band 18 Jörg Philipp Lengeler: Das Ringen um die Ruhe des Nordens. Großbritanniens Nordeuropa-Politik und Dänemark zu Beginn des 18. Jahrhunderts. 1998.

Band 19 Thomas Riis (Hrsg.): Tisch und Bett. Die Hochzeit im Ostseeraum seit dem 13. Jahrhundert. 1998.

Band 20 Alf R. Bjercke: Norwegische Kätnersöhne als königliche Dragoner. Eine Abhandlung über den Dragonerdienst in Norwegen und die Grenzwache in Schleswig-Holstein 1758-1762. 1999.

Band 21 Niels Bracke: Die Regierung Waldemars IV. Eine Untersuchung zum Wandel von Herrschaftsstrukturen im spätmittelalterlichen Dänemark. 1999.

Band 22 Lutz Sellmer: Albrecht VII. von Mecklenburg und die Grafenfehde (1534-1536). 1999.

Band 23 Ernst-Erich Marhencke: Hans Reimer Claussen (1804-1894). Kämpfer für Freiheit und Recht in zwei Welten. Ein Beitrag zu Herkunft und Wirken der "Achtundvierziger". 1999.

Band 24 Hans-Otto Gaethke: Herzog Heinrich der Löwe und die Slawen nordöstlich der unteren Elbe. 1999.

Band 25 Henning Unverhau: Gesang, Feste und Politik. Deutsche Liedertafeln, Sängerfeste, Volksfeste und Festmähler und ihre Bedeutung für das Entstehen eines nationalen und politischen Bewußtseins in Schleswig-Holstein 1840-1848. 2000.

Band 26 Joseph Ben Brith: Die Odyssee der Henrique-Familie (Bandhrsg.: Björn Marnau und Ralph Uhlig). 2001.

Band 27 Karl-Otto Hagelstein: Die Erbansprüche auf die Herzogtümer Schleswig und Holstein 1863/64. 2003.

Band 28 Annegret Wittram: Fragmenta. Felix Jacoby und Kiel. Ein Beitrag zur Geschichte der Kieler Christian-Albrechts-Universität. 2004.

Band 29 Sönke Loebert: Die dänische Vergangenheit Schleswigs und Holsteins in preußischen Geschichtsbüchern. 2008.

Band 30 Hans Gerhard Risch: Der holsteinische Adel im Hochmittelalter. Eine quantitative Untersuchung. 2010.

Band 31 Silke Hinz: Hochzeit in Kiel. Wandel im Hochzeitsgeschehen von 1965 bis 2005. 2011.

Band 32 Sönke Loebert / Okko Meiburg / Thomas Riis: Die Entstehung der Verfassungen der dänischen Monarchie (1848-1849). 2012.

Band 33 Franziska Nehring: Graf Gerhard der Mutige von Oldenburg und Delmenhorst (1430-1500). 2012.

Band 34 Simon Huemer: Studienstiftungen an der Christian-Albrechts-Universität zu Kiel. Private Bildungsförderung zwischen Stiftungsnorm und Stiftungswirklichkeit. 2013.

Band 35 Marina Loer: Die Reformen von Windesheim und Bursfelde im Norden. Einflüsse und Auswirkungen auf die Klöster in Holstein und den Hansestädten Lübeck und Hamburg. 2013.

Band 36 Alexander Otto-Morris: Rebellion in the Province: The Landvolkbewegung and the Rise of National Socialism in Schleswig-Holstein. 2013.

Band 37 Oliver Auge (Hrsg.): Hansegeschichte als Regionalgeschichte. Beiträge einer internationalen und interdisziplinären Winterschule in Greifswald vom 20. bis 24. Februar 2012. 2014.

Band 38 Julian Freche: Die Eingemeindungen in die Stadt Kiel (1869-1970). Gründe, Probleme und Kontroversen. 2014.

Reihe B: Beiträge zur nordischen und baltischen Geschichte
Hrsg. von Hain Rebas

Band 1   Rainer Plappert: Zwischen Zwangsclearing und Entschädigung. Die politischen Beziehungen zwischen der Bundesrepublik Deutschland und Schweden im Schatten der Kriegsfolgefragen 1949-1956. 1996.

Band 2   Volker Seresse: Des Königs "arme weit abgelegenne Vntterthanen". Oesel unter dänischer Herrschaft 1559/84-1613. 1996.

Band 3   Ingrid Bohn: Zwischen Anpassung und Verweigerung. Die deutsche St. Gertruds Gemeinde in Stockholm zur Zeit des Nationalsozialismus. 1997.

Band 4   Saskia Pagell: Souveränität oder Integration? Die Europapolitik Dänemarks und Norwegens von 1945 bis 1995. 2000.

Band 5   Ulrike Hanssen-Decker: Von Madrid nach Göteborg. Schweden und der EU-Beitritt Estlands, Lettlands und Litauens, 1995-2001. 2008.

Reihe C: Beiträge zur europäischen Geschichte des frühen und hohen Mittelalters
Hrsg. von Hans Eberhard Mayer

Band 1   Martin Rheinheimer: Das Kreuzfahrerfürstentum Galiläa. 1990.

Band 2   Oliver Berggötz: Der Bericht des Marsilio Zorzi. Codex Querini-Stampalia IV 3 (1064). 1990.

Band 3   Thomas Eck: Die Kreuzfahrerbistümer Beirut und Sidon im 12. und 13. Jahrhundert auf prosopographischer Grundlage. 2000.

Reihe D: Beiträge zur europäischen Geschichte des späten Mittelalters
Hrsg. von Werner Paravicini

Band 1   Holger Kruse, Werner Paravicini, Andreas Ranft (Hrsg.): Ritterorden und Adelsgesellschaften im spätmittelalterlichen Deutschland. Ein systematisches Verzeichnis. 1991.

Band 2   Werner Paravicini (Hrsg.): Hansekaufleute in Brügge. Teil 1: Die Brügger Steuerlisten 1360-1390, hrsg. von Klaus Krüger, 1992.

Band 3   Les Chevaliers de l'Ordre de la Toison d'or au XVe siècle. Notices bio-bibliographiques publiées sous la direction de Raphaël de Smedt. 1994. 2. Auflage 2000.

Band 4   Werner Paravicini (Hrsg.): Der Briefwechsel Karls des Kühnen (1433-1477). Inventar. Redigiert von Sonja Dünnebeil und Holger Kruse. Bearbeitet von Susanne Baus u.a. Teil 1 und 2. 1995.

Band 5   Werner Paravicini (Hrsg.): Europäische Reiseberichte des späten Mittelalters. Eine analytische Bibliographie. Teil 1: Deutsche Reiseberichte, bearb. von Christian Halm. 1994. 2., durchgesehene und um einen Nachtrag ergänzte Auflage 2001.

Band 6   Rainer Demski: Adel und Lübeck. Studien zum Verhältnis zwischen adliger und bürgerlicher Kultur im 13. und 14. Jahrhundert. 1996.

Band 7   Anne Chevalier-de Gottal: Les Fêtes et les Arts à la Cour de Brabant à l'aube du XVe siècle. 1996.

Band 8   Stephan Selzer: Artushöfe im Ostseeraum. Ritterlich-höfische Kultur in den Städten des Preußenlandes im 14. und 15. Jahrhundert. 1996.

Band 9   Werner Paravicini (Hrsg.): Hansekaufleute in Brügge. Teil 2. Georg Asmussen: Die Lübecker Flandernfahrer in der zweiten Hälfte des 14. Jahrhunderts (1358-1408). 1999.

Band 10 Jean Marie Maillefer: Chevaliers et princes allemands en Suède et en Finlande à l'époque des Folkungar (1250-1363). Le premier établissement d'une noblesse allemande sur la rive septentrionale de la Baltique. 1999.

Band 11 Werner Paravicini, Horst Wernicke (Hrsg.): Hansekaufleute in Brügge. Teil 3. Prosopographischer Katalog zu den Brügger Steuerlisten 1360-1390. Bearbeitet von Ingo Dierck, Sonja Dünnebeil und Renée Rößner. 1999.

Band 12 Werner Paravicini (Hrsg.): Europäische Reiseberichte des späten Mittelalters. Eine analytische Bibliographie. Teil 2: Französische Reiseberichte, bearbeitet von Jörg Wettlaufer in Zusammenarbeit mit Jacques Paviot. 1999.

Band 13 Nils Jörn, Werner Paravicini, Horst Wernicke (Hrsg.): Hansekaufleute in Brügge. Teil 4. Beiträge der Internationalen Tagung in Brügge April 1996. 2000.

Band 14 Werner Paravicini (Hrsg.): Europäische Reiseberichte des späten Mittelalters. Eine analytische Bibliographie. Teil 3. Niederländische Reiseberichte. Nach Vorarbeiten von Detlev Kraack bearbeitet von Jan Hirschbiegel. 2000.

Band 15 Werner Paravicini (Hrsg.): Hansekaufleute in Brügge. Teil 5. Renée Rößner: Hansische Memoria in Flandern. Alltagsleben und Totengedenken der Osterlinge in Brügge und Antwerpen (13. bis 16. Jahrhundert). 2001.

Band 16 Werner Paravicini (Hrsg.): Hansekaufleute in Brügge. Teil 6. Anke Greve: Hansische Kaufleute, Hosteliers und Herbergen im Brügge des 14. und 15. Jahrhunderts. 2011.

Reihe E: Beiträge zur Sozial- und Wirtschaftsgeschichte
Hrsg. von Gerhard Fouquet

Band 1 Thomas Hill / Dietrich W. Poeck (Hrsg.): Gemeinschaft und Geschichtsbilder im Hanseraum. 2000.

Band 2 Gabriel Zeilinger: Die Uracher Hochzeit 1474. Form und Funktion eines höfischen Festes im 15. Jahrhundert. 2002.

Band 3 Sascha Taetz: Richtung Mitternacht. Wahrnehmung und Darstellung Skandinaviens in Reiseberichten städtischer Bürger des 16. und 17. Jahrhunderts. 2004.

Band 4 Harm von Seggern / Gerhard Fouquet / Hans-Jörg Gilomen (Hrsg.): Städtische Finanzwirtschaft am Übergang vom Mittelalter zur Frühen Neuzeit. 2007.

Band 5 Gerhard Fouquet (Hrsg.): Die Reise eines niederadeligen Anonymus ins Heilige Land im Jahre 1494. 2007.

Band 6 Sven Rabeler: Das Familienbuch Michels von Ehenheim (um 1462/63-1518). Ein niederadliges Selbstzeugnis des späten Mittelalters. Edition, Kommentar, Untersuchung. 2007.

Band 7 Gerhard Fouquet / Gabriel Zeilinger (Hrsg.): Die Urbanisierung Europas von der Antike bis in die Moderne. 2009.

Band 8 Dietrich W. Poeck: Die Herren der Hanse. Delegierte und Netzwerke. 2010.

Band 9 Carsten Stühring: Der Seuche begegnen. Deutung und Bewältigung von Rinderseuchen im Kurfürstentum Bayern des 18. Jahrhunderts. 2011.

Band 10 Sina Westphal: Die Korrespondenz zwischen Kurfürst Friedrich dem Weisen von Sachsen und der Reichsstadt Nürnberg. Analyse und Edition. 2011.

Band 11 Ulf Dirlmeier: Menschen und Städte. Ausgewählte Aufsätze. Herausgegeben von Rainer S. Elkar, Gerhard Fouquet und Bernd Fuhrmann. 2012.

Reihe F: Beiträge zur osteuropäischen Geschichte
Hrsg. von Rudolf Jaworski und Ludwig Steindorff

Band 1 Peter Nitsche (Hrsg.), unter Mitarbeit von Ekkehard Klug: Preußen in der Provinz. Beiträge zum 1. deutsch-polnischen Historikerkolloquium im Rahmen des Kooperationsvertrages zwischen der Adam-Mickiewicz-Universität Poznań und der Christian-Albrechts-Universität zu Kiel. 1991.

Band	2	Rudolf Jaworski (Hrsg.): Nationale und internationale Aspekte der polnischen Verfassung vom 3. Mai 1791. Beiträge zum 3. deutsch-polnischen Historikerkolloquium im Rahmen des Kooperationsvertrages zwischen der Adam-Mickiewicz-Universität Poznań und der Christian-Albrechts-Universität zu Kiel, unter Mitarbeit von Eckhard Hübner. 1993.
Band	3	Peter Nitsche (Hrsg.): Die Nachfolgestaaten der Sowjetunion. Beiträge zur Geschichte, Wirtschaft und Politik. Herausgegeben unter Mitarbeit von Jan Kusber. 1994.
Band	4	Stephan Conermann / Jan Kusber (Hrsg.): Die Mongolen in Asien und Europa. 1997.
Band	5	Randolf Oberschmidt: Rußland und die schleswig-holsteinische Frage 1839-1853. 1997.
Band	6	Rudolf Jaworski / Jan Kusber / Ludwig Steindorff (Hrsg.): Gedächtnisorte in Osteuropa. Vergangenheiten auf dem Prüfstand. 2003.
Band	7	Ulrich Kaiser: Realpolitik oder antibolschewistischer Kreuzzug? Zum Zusammenhang von Rußlandbild und Rußlandpolitik der deutschen Zentrumspartei 1917-1933. 2005.
Band	8	Annelore Engel-Braunschmidt / Eckhard Hübner (Hrsg.): Jüdische Welten in Osteuropa. 2005.
Band	9	Martin Aust / Ludwig Steindorff (Hrsg.): Russland 1905. Perspektiven auf die erste Russische Revolution. 2007.

Reihe G: Beiträge zur Frühen Neuzeit
Hrsg. von Olaf Mörke

Band	1	Rolf Schulte: Hexenmeister. Die Verfolgung von Männern im Rahmen der Hexenverfolgung von 1530-1730 im Alten Reich. 2000. 2., ergänzte Auflage 2001.
Band	2	Jan Klußmann: Lebenswelten und Identitäten adliger Gutsuntertanen. Das Beispiel des östlichen Schleswig-Holsteins im 18. Jahrhundert. 2002.
Band	3	Daniel Höffker / Gabriel Zeilinger (Hrsg.): Fremde Herrscher. Elitentransfer und politische Integration im Ostseeraum (15.-18. Jahrhundert). 2006.
Band	4	Volker Seresse (Hrsg.): Schlüsselbegriffe der politischen Kommunikation in Mitteleuropa während der frühen Neuzeit. 2009.
Band	5	Björn Aewerdieck: Register zu den Wunderzeichenbüchern Job Fincels. 2010.
Band	6	Tatjana Niemsch: Reval im 16. Jahrhundert. Erfahrungsräumliche Deutungsmuster städtischer Konflikte. 2013.

Reihe H: Beiträge zur Neueren und Neuesten Geschichte
Hrsg. von Christoph Cornelißen

Band	1	Lena Cordes: Regionalgeschichte im Zeichen politischen Wandels. Die Gesellschaft für Schleswig-Holsteinische Geschichte zwischen 1918 und 1945. 2011.
Band	2	Birte Meinschien: Michael Freund. Wissenschaft und Politik (1945-1965). 2012.
Band	3	Stefan Bichow: Die Universität Kiel in den 1960er Jahren. Ordnungen einer akademischen Institution in der Krise. 2013.

www.peterlang.com

www.ingramcontent.com/pod-product-compliance
Ingram Content Group UK Ltd.
Pitfield, Milton Keynes, MK11 3LW, UK
UKHW041913140426
5217IPUK00002B/34